日本語教育
よくわかる
語彙

秋元美晴
押尾和美
丸山岳彦

アルク

◆改訂について

本書はアルクより2002年1月25日に刊行された『日本語教師・分野別マスターシリーズ よくわかる語彙』を改訂し、2010年1月22日に刊行された『日本語教育能力検定試験に 合格するための語彙12』をベースに、新たに加筆・修正し改題したものです。今回の改 訂に当たって全体の内容を見直し、各章に実践タスクを加えました。

はじめに

◎本書の特徴

　語彙についての入門書や研究書は、文法や音声・音韻、文字・表記などのそれらに比べて少ないように思われます。その理由の一つは、語は語形と意味の二面性からなり、複雑に相互にからみ合う語彙体系を構成し、また、その数があまりに膨大なために規則化することが容易でないためだと考えられます。さらに、社会や文化との関係も深く、当然変化が激しくなり、全体像を把握することが難しいためだとも考えられます。しかし、外国語学習において、語彙の習得は不可欠であり、学習者の語彙習得に払う努力は外国語学習全体の大半を占めるとも言われています。

　筆者たちは、このような重要な語彙の性格を明らかにし、効率よく語彙学習を進めるヒントを学習者に与えることを、日本語教師の仕事の一つだと考えています。そのためには、まず、日本語教育に携わる者が、語彙の基本的な知識を持っていなければなりません。本書は、このような観点から語彙についての基本的な内容を取り上げ、時代に即した新しいデータを示しながら、なるべくわかりやすく説明することを心がけました。

◎本書の構成と使い方

　本書は、アルクより2002年出版の『日本語教師・分野別マスターシリーズ　よくわかる語彙』を基に、2010年に改訂出版された『日本語教育能力検定試験　合格するための語彙12』に加筆修正したものです。語彙は、その時代の社会や文化を反映すると言われていますが、『語彙12』の刊行からすでに9年もたっており、内容的にそぐわないところが出てきました。また、語彙の研究にとって欠かせない「コーパス」が普及し、誰でも使える環境が整ってきましたので、それらを使っての成果も組み入れ、大幅に書き改めました。

第1章から第3章までは、語および語彙の量的な面も含めた基本的な内容を扱っています。第4章と第5章は、語彙を内面的・外面的に観察し分類しています。第6章から第8章までは、語や句を意味の面から捉えています。第9章から第11章までは、語・語彙の社会的な関係や、その変化、および語の使われ方の社会的な規範を示した辞書や、コーパスについて説明しました。最後の第12章は語彙の習得について触れています。

　各章には、知識を問うタスク（練習問題）と、自分自身で考えてみたり調べてみたりするための実践タスクがついていますので、ぜひチャレンジしてください。

　なお、本書で紹介している語彙に関する現象やその分類法については、筆者ら自身によるものも多少はありますが、多くはこれまでの研究成果を参照させていただきました。

　本書が日本語教育に携わっている人たちやそれを目指している人たちの役に立てば幸いです。

　アルクの除村美幸季さんには、なかなか執筆の進まなかったにもかかわらず、辛抱強く待っていただき、常にあたたかい励ましを頂戴しましたことを、ここに感謝いたします。

2019年5月

秋元　美晴
押尾　和美
丸山　岳彦

目　次

3 ——————はじめに

9 ————— 第**1**章 **語彙の体系**

11 ————————— 1 語彙に体系はあるか
12 ————————— 2 語彙体系の具体例

21 ————— 第**2**章 **語彙と語彙量**

22 ————————— 3 語彙調査
25 ————————— 4 異なり語数と延べ語数
26 ————————— 5 語彙量
30 ————————— 6 基本語彙
31 ————————— 7 基礎語彙
32 ————————— 8 語の基本度
36 ————————— 9 語数とカバー率
37 ————————— 10 日本語能力試験

43 ————— 第**3**章 **語と語形**

45 ————————— 11 語形と語の認定
46 ————————— 12 同音異義語
49 ————————— 13 語の長さ
50 ————————— 14 語の長さと語種
51 ————————— 15 語形のゆれ
53 ————————— 16 語形と表記

59 ————— 第**4**章 **語種**

61 ————————— 17 語種分類と語種構成
65 ————————— 18 和語
67 ————————— 19 漢語
70 ————————— 20 外来語
75 ————————— 21 混種語

第5章 語構成 — 81

- 83 — 22 語の種類
- 84 — 23 単純語
- 84 — 24 合成語
- 85 — 25 複合語
- 87 — 26 複合名詞
- 91 — 27 複合動詞
- 93 — 28 畳語
- 95 — 29 派生語
- 98 — 30 造語法
- 100 — 31 変音現象

第6章 語の意味 — 107

- 109 — 32 語と語の意味
- 111 — 33 単義語と多義語
- 114 — 34 多義語と同音語
- 115 — 35 類義語
- 118 — 36 反義語
- 120 — 37 成分分析
- 121 — 38 選択制限

126 — コラム1

第7章 語結合・コロケーション・慣用句と比喩 — 127

- 129 — 39 語結合
- 130 — 40 コロケーション
- 132 — 41 慣用句
- 134 — 42 比喩

143 第8章 オノマトペ

144 ── 43 オノマトペとは何か
146 ── 44 記号と意味の有縁性
148 ── 45 形態上の特徴
150 ── 46 漢語・外来語のオノマトペ
151 ── 47 英語との比較
152 ── 48 意味による分類
153 ── 49 感覚による分類
154 ── 50 形態の変遷
155 ── 51 日本語教育におけるオノマトペ教育の現状

163 第9章 語の意味変化

165 ── 52 語の意味変化の一般的傾向
167 ── 53 意味変化の構造
169 ── 54 意味変化の原因
171 ── 55 意味変化の方向性
172 ── 56 文法化現象

177 ── コラム2

179 第10章 語彙と社会

180 ── 57 位相
181 ── 58 女性語・男性語
182 ── 59 集団語
185 ── 60 地域差
187 ── 61 話しことばと書きことば
189 ── 62 敬語
191 ── 63 新語・流行語
193 ── 64 差別語

200 ── コラム3

7

第11章 辞書とコーパス

203

205 — 65 平安時代から江戸時代までの辞書
206 — 66 明治時代以降の辞書
207 — 67 現代の辞書
210 — 68 シソーラスと『分類語彙表』
213 — 69 コーパス
220 — コラム4

第12章 語彙の習得

221

222 — 70 母語の語彙習得
224 — 71 第二言語の語彙習得のプロセス
226 — 72 第二言語の語彙習得のストラテジー
228 — 73 脱文脈化学習
229 — 74 チャンク
231 — 75 日本語教育における学習レベルと語彙教育

236 — 読書案内
238 — 参考文献
241 — 索引

第 **1** 章

語彙の体系

□ 語と語彙の違いを理解しましょう
□ 語彙は「開かれた体系」であることを確認しましょう

「語彙」の「彙」は、あまり見慣れない漢字です。この「彙」という字は、「①はりねずみ。②なかま。③あつめる。あつまる」という意味だそうです。すなわち「語彙」は語の集まり（集合）という意味です。英語でいうと、「語」は"word"で、「語彙」は"vocabulary"にあたるといえるでしょう。もう少し厳密に「語彙」を定義すると、語は「意味を持った最小の独立した単位」であるのに対して、「語彙」は「語の体系的な集まり」です。なお、語を強調していう場合を「単語」と呼ぶことにします。

　体系とは要素同士が何らかの相互関係によって結ばれている集合のことをいいます。例えば、音韻についていえば、現代日本語の共通語の音節は、特殊音節を除いて、原則として子音（C）と母音（V）という要素を組み合わせたCVからなっています。また、東京方言におけるアクセントの型は、語の拍数をnとした場合、n＋1種類あります。このように、音韻には体系があり、数が決まっていて増えたりしないので、「閉じた体系」といわれます。

　一方、文法にも体系が存在します。日本語の文の基本的な語順は「名詞＋助詞、名詞＋助詞……連用成分……述語」です。また、動詞句を例に挙げれば、動詞の後に続く要素には次のような順序があります。

見	させ られ	てい	なかっ	た	だろう ね
動詞	ヴォイス（使役→受身）	アスペクト	否定	テンス	モダリティ

　語順が比較的自由であるという点で、音韻の体系に比べるとゆるいのですが、それでもやはり、文法にも体系が存在するといえます。もちろん、文字にも体系があります。

　それでは、語彙はどうでしょうか。語彙は体系の中に語が入ったり出たりするのが自由であることから、「開かれた体系」といわれます。何かを学習するときに、項目を体系だてて提示されると覚えやすいものです。もし学習者に語彙を少しでも体系的に提示することができたら、語彙の学習に費やす時間もエネルギーも軽減することができるのではないでしょうか。そこでこの章では、語彙の体系について考えてみましょう。

1 語彙に体系はあるか

　「語彙には体系があるのだろうか」ということがよく問題にされます。それは一つには語の数の多いことが原因となっているのでしょう。成人の理解語彙は約4万語から5万語だといわれますが、小型の国語辞典でも見出しは約7万語であり、わが国最大の国語辞典である『日本国語大辞典　第二版』のそれは約50万語です。このように語は数が膨大で、かつ多面的であり、その上ばらばらに存在しているように見えるために、語彙に体系があるのかと疑問視されるのです。しかし、次節で述べるように、親族語彙や色彩語彙など、ある程度範囲を限定して考えれば、語彙にも体系はあるといえます。

　語は、形（語形）と意味を持った単位であり、その集まりである語彙も当然、形と意味を持っていることになります。形の面からは、語と語からなる複合語の構造の分析を扱う「語構成」（第5章参照）の面から語彙の体系にアプローチすることができます。また、語の拍数や語種（第4章参照）からも体系化することができます。意味の面からいえば、意味分野により体系性の明確な分野とそうでない分野がありますが、体系性を考えることは可能です。どの面から語彙の体系を考えるとしても、語彙の中核となる基本的な部分ほど体系的であり、周縁的な部分ほど体系性は曖昧になります。

2 語彙体系の具体例

ここでは具体例を挙げて、語彙の体系を見ていきましょう。

親族語彙の体系

文化人類学的な立場から見た代表的な語彙の分析例として、図1の親族語彙があります。

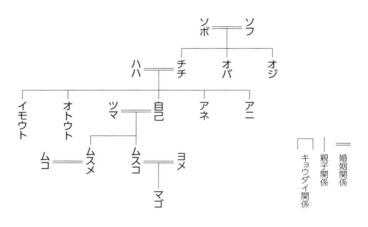

図1 親族語彙の組織

親族語彙には、直接呼びかける時に用いる「呼びかけ語」と、間接に話題にする時に用いる「言及語」がありますが、図1は言及語です。ツマのチチやハハが描かれていないなど、ここでは割愛された部分もありますが、誰を「自己」としても、親族語彙が体系的に組織されていることがわかります。

色彩語彙の体系

表1は色彩語彙の体系の一部を示したものです。

アカ	アカイ	アカミ	アカアカ	マッカ	マッカッカ
アオ	アオイ	アオミ	アオアオ	マッサオ	×
クロ	クロイ	クロミ	クログロ	マックロ	×
シロ	シロイ	シロミ	×	マッシロ	×

表1　色彩語彙の体系

　左から第3列まではすべての色彩語彙で語形がそろっていますが、第4列以降は語形がきちんと対応しておらず、体系がくずれています。色彩語彙は、一部では体系的にできているけれども、体系的でないところもある、ということになります。

指示詞の体系

　日本語で「コソアド」とよばれる指示詞の体系は、語彙の体系的な組織として最も代表的なものです。指示する対象により「これ」「ここ」「こちら」のように変わりますが、話し手との関係で近いものからコソアの順になることは変わりません。

	事物	場所	方向	状態	指定
近称	これ	ここ	こちら	こう　こんな	この
中称	それ	そこ	そちら	そう　そんな	その
遠称	あれ	あそこ	あちら	ああ　あんな	あの
不定称	どれ	どこ	どちら	どう　どんな	どの

表2　指示詞の体系

生物語彙の階層的体系

　図2は、生物語彙を階層的に体系化したものです。左端の抽象的な概念を表す語から右にいくにつれて具体的な概念を表す語になっていきます。

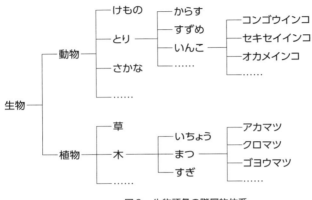

図2　生物語彙の階層的体系

温度形容詞の段階的体系

　図3は温度に関する形容詞を温度の高低に対応させて、語を段階的に体系化したものです。

図3　温度形容詞の段階的体系

　英語では"It is cold today."とも"cold water"ともいい、"cold"が「寒い」という意味にも「冷たい」という意味にも用いられますが、日本語では気温には「寒い」が、体に触れたときに感じる温度には「冷たい」が使われます。異なる言語の間では、体系が異なるといえます。

類縁関係にある語彙の体系

「意味場（semantic field）」とは、ある語を中心にして、その語と何らかの類縁関係にある語を集めて、それぞれの語の位置をそれぞれの関係に基づいて体系化したものです。図4は「着る」という語を中心に、関係する語を位置づけたものです。語の意味は、それぞれが独立して存在しているのではなく、あるグループの語は相互にまとまりを持って存在しています。図4は着脱に関する意味場を形成しています。

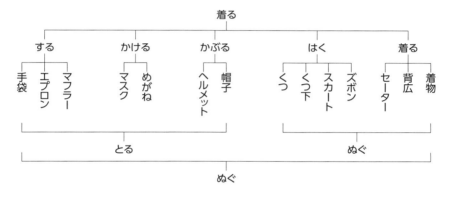

図4　「着脱」の意味場

図5は意味場の考え方に基づき、意味分野を人の呼び方に限定して、各語の使用率（使用率の高いものほど円が大きくなり、太い線は見出し語となるべきもの）を考慮して作った「星図になぞらえた語彙表」です。

「こども」と「子」という二つの単語がそれぞれ2カ所に見られますが、大人に対しての「こども」・「子」か、自分の子としての「こども」・「子」かにより現れる場所も円の大きさも違ってきます。この図のように語と語の関係は思うほどに簡単なものでなく、体系を常に単一的に明確に表示できるものではありません。

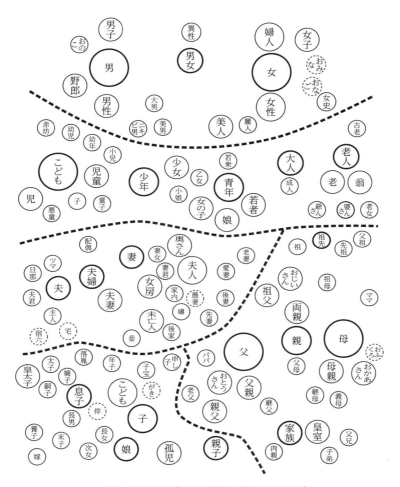

図5　星図になぞらえた語彙表（林1957より）

連想に基づく体系

　概念の体系化や語の意味のつながりによる語彙の体系化ではなく、「連想」によって語彙を体系化することがあります。例えば、「四月」からは「桜、入学式、新入生、ランドセル…」などが連想されます。語彙の体系を考える場合、このような語と語の関連も無視することはできません。玉村(1975)は、「借金と

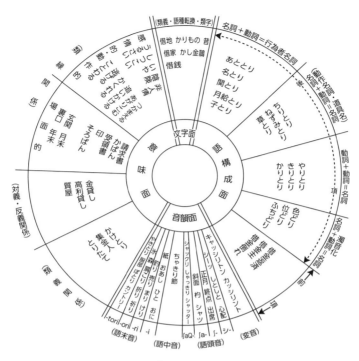

図6　ことばの連合図（玉村 1975 より）

り」という「刺激語」に対して、被験者がその語から思いつく「反応語」を挙げて記録していくという調査の結果を整理しています。図6はその連想の関係を図示した「ことばの連合図」です。その結果、「意味面」での反応語は多くありましたが、「音韻面」での反応語は極端に少なく、日本人は音韻的つながりによる連想はあまり強くないという報告をしています。

　一般的にいえば、語彙の体系はきれいに峻別できるわけではありません。そこに語彙の体系化の難しさがあるといえます。

タスク

問題1　次の文章を読み、後の問い**1**、**2**に答えなさい。

　言語を体系という観点からみて体系性が（　ア　）に並べると、音韻体系→文字体系→文法体系→語彙体系の順になる。このうち音韻体系は（　イ　）体系と呼ばれ、語彙体系は（　ウ　）体系と呼ばれる。

　語彙の体系の代表的なものに親族呼称・指示詞・オノマトペ（擬音語・擬態語）などがある。下の表は擬態語の体系の一部を示したものである。語根を基にいくつかのバリエーションがあるが、日本語のオノマトペはきわめて高い体系性を持つものだといわれている。

語根	語根の重複	語根+（　エ　）	語根+（　オ　）	語根+ッ
コロ	コロコロ	コロ（　）	コロ（　）	コロッ
カタ	カタカタ	カタ（　）	カタ（　）	カタッ
クル	クルクル	クル（　）	クル（　）	クルッ
ポタ	ポタポタ	ポタ（　）	ポタ（　）	ポタッ
意味	連続性	滑らかさ 少しゆっくりした感じ	リズミカル 軽やかさ 強さ	瞬間性 すばやさ 一回性

1　空欄ア〜ウに入る語句として適当なものをそれぞれ1か2のうちから選びなさい。

　ア：1．高い方から低い方　　　2．低い方から高い方

　イ：1．閉じた　　2．開かれた

　ウ：1．閉じた　　2．開かれた

2　空欄エとオに入るカタカナ1字をそれぞれ書きなさい。

　エ：＿＿＿＿＿　オ：＿＿＿＿＿

解答

問題1　■ア：1　　イ：1　　ウ：2
　　　　■エ：リ　　オ：ン

実　践　タ　ス　ク

1．次の表の空欄を埋め、色彩語彙の体系性を整理・確認してみましょう。

アカ	アカイ	アカミ	アカアカ	マッカ	マッカッカ	アカサ	アカイロ
アオ	アオイ	アオミ	アオアオ	マッサオ	×	アオサ	アオイロ
クロ							
シロ							
ミドリ							
キ							
ピンク							
ムラサキ							

2．下の語群にある語を分類してみましょう。分類できたら、どのような観点・基準で分類したか、ふりかえってみましょう。

アーティスティックスイミング　テニス　将棋　スノーボード　カーリング
マラソン　テコンドー　競泳　ボート　柔道　スキー　野球
フィギュアスケート　セーリング　400mリレー　チェス

第 **2** 章

語彙と語彙量

□ 語彙を量的に考えましょう

□ 基本語彙・基礎語彙・基幹語彙について理解しましょう

「単語をよく知っている」、あるいは「語彙が豊富だ」ということがありますが、実際にはどのくらいの量を指しているのでしょうか。学習者の目的の一つに「新聞が読めるようになること」があります。英語では約1万5,000語を知っていると英語の新聞が読めるといわれていますが、日本語ではいったいどのくらいの単語を知っていれば、日本語の新聞が読めるのでしょうか。そもそも、日本語の単語はどのくらいあるのでしょうか。

　日本語の単語の数を考える時、すぐに思い浮かぶのは国語辞典でしょう。いったい国語辞典にはどのくらいの数の見出し語が収録されているのでしょうか。『日本国語大辞典　第二版』(小学館)は全13巻で約50万語、『広辞苑　第七版』(岩波書店)は約25万語、小型の国語辞典である『新明解国語辞典　第七版』(三省堂)は7万7,500語です。収録されている語数に相当の違いがありますが、これはその辞典がどのような方針で語を集め、収録しているかという違いです。現代語だけを収めたものか、古語も収めたものか、あるいは百科語から固有名詞や短歌、俳句、新語や流行語まで幅広く収めたものかという辞典の性格に起因します。このように、語彙は量的な側面と質的な側面をあわせ持っています。

　ここでは語彙を量的に捉えてみましょう。

3 語彙調査

　語彙の量的な構成や特徴を把握するため、また基本的な語彙を選定するために、これまでにさまざまな語彙調査が行われています。

　本格的な語彙調査として歴史的に有名なものは、1921年アメリカの心理学者・教育学者であるE. L. ソーンダイクによって行われた *The Teacher's Word Book* のための調査です。読書教育に必要な語彙の選定を目的として、1,800万語あまりの言語資料を基に、3万語の教育語彙表が作成されました。

日本語に関する語彙調査は、1930年以降、海外での日本語教育のためにいく
つか行われていた記録があります。戦後は、国立国語研究所によって大規模な語
彙調査が組織的に行われてきました。1962年から1964年にかけて刊行された報
告書『現代雑誌九十種の用語用字（1）〜（3）』は、1956年に発行された90種類の
雑誌から統計的に厳密な手続きで約44万語のサンプルを抽出し、そこに現れた
用語・用字の調査を行った結果をまとめたものです。60年以上前の調査ですが、
その画期的な方法論と研究的な価値は今も失われていません。

　この他にも、さまざまな目的の基に語彙調査が行われ、その結果が発表されて
います。日本語教育に関係するものとしては、1984年の『日本語教育のための
基本語彙調査』（国立国語研究所）があります。ここには留学生などの成人を対象
とする日本語教育における基本語彙6,000語について五十音順リストと意味分類
体リストが掲げられており、そのうち2,000語は基本語として区別できるように
なっています。また、外国人子弟の増加に伴い、児童生徒のための日本語の教育
が問題となっている状況に対して、1995年には『児童生徒に対する日本語教育
のための基本語彙調査』（ひつじ書房）が出版されています。この調査は、外国人
児童生徒が日本の小・中学校での教育を受けるにあたって、はじめに学習すべき
日本語の基本的な語彙についての妥当な標準を得る」という目的の基に実施され
ました。上記の『日本語教育のための基本語彙調査』や『にほんごをまなぼう
（1）』、『はじめての国語じてん』など6種の資料を調査対象とし、その結果、1,755
語（基本語A）と2,411語の範囲内で選定が行われることが望ましいという結論を
出しています。

　最近は、「コーパス」（言葉の用例を大量に集めてコンピューター上で検索でき
るようにしたデータベース。第11章参照）を用いた語彙調査が盛んに行われて
います。一例をあげれば、国立国語研究所が中心となって作成した、現代日本
語の書き言葉1億語を収録した『現代日本語書き言葉均衡コーパス』（Balanced
Corpus of Contemporary Written Japanese: BCCWJ）を用いて、メディアごと
の語彙頻度表やコロケーションリストを取り出す研究が進められています（砂川
編 2016）。

　語彙調査には、調査対象のすべての単位語を取り上げる全数調査と、標本を抜
き出して調査し、それに基づいて全体を推定するサンプリング調査があります。
特に調査データが大規模になる場合は、全数調査よりサンプリング調査による推

定値の方が誤差率が小さいといわれています。

　統計的手法による語彙調査では、数える対象となる調査単位をどのように設定するかが常に問題となります。調査単位は調査の目的により異なるため、これまでの語彙調査では複数の種類の単位が考えられてきました。次の表は国立国語研究所の語彙調査で採用されてきた単位の種類です。

	単位の名称	語彙調査名
長い単位の系列	α単位	現代の語彙調査・婦人雑誌の用語
	W単位	高校教科書の語彙調査，中学校教科書の語彙調査
	長い単位	雑誌用語の変遷，テレビ放送の語彙調査
短い単位の系列	β単位	現代の語彙調査・総合雑誌の用語，現代雑誌九十種の用語用字，雑誌200万字言語調査
	M単位	高校教科書の語彙調査，中学校教科書の語彙調査

表1　国立国語研究所の語彙調査の単位（小椋他 2011より一部抜粋）

(1) 長い単位の系列：主として構文的な機能に着目して考えた単位。おおむね文節に相当する。

・α単位：型 紙｜どおり｜に｜裁断 して｜外出 着 を｜作り ました｜
・W単位：型 紙 どおり｜に｜裁断 して｜外出 着｜を｜作り ました｜
・長い単位：型 紙 どおり に｜裁断 して｜外出 着 を｜作り ました｜

(2) 短い単位の系列：主として言語の形態的な側面に着目して考えた単位。

・β単位：型 紙｜どおり｜に｜裁断｜し｜て｜外出｜着｜を｜作り｜まし｜た｜
・M単位：型｜紙｜どおり｜に｜裁断｜し｜て｜外出｜着｜を｜作り｜まし｜た｜

4 異なり語数と延べ語数

次に、童謡「春が来た」の語彙調査をしてみましょう（田中 1978 参考）。

> 春が来た　　春が来た　　どこに来た
> 山に来た　　里に来た　　野にも来た

この歌詞を単語単位に切ると、25 になります。

> 春／が／来／た　　春／が／来／た　　どこ／に／来／た
> 山／に／来／た　　里／に／来／た　　野／に／も／来／た

この 25 を「延べ語数」といいます。延べ語数とは、ある語彙調査で得られた語数の総計を指します。

次に、この歌詞に何種類の単語が現れたかを数えてみると、

> 春・が・来る・た・どこ・に・山・里・野・も

という 10 種類になります。これらを異なり語といい、その数を「異なり語数」といいます。異なり語数とは、ある語彙調査で得られた語の種類の数を指します。この 10 語を頻度の高い順に並べ、その一つ一つの異なり語の使用率（延べ語数に対して占める割合）をパーセンテージで示すと、表 2 のようになります。

順位	頻度	異なり語	使用率％
1	6	来る	24.0
1	6	た	24.0
3	4	に	16.0
4	2	春	8.0
4	2	が	8.0
6	1	どこ	4.0
6	1	山	4.0
6	1	里	4.0
6	1	野	4.0
6	1	も	4.0

表2 「春が来た」における異なり語とその使用率

　使用率が最も高いのは、「来る」と「た」の24.0％です。これは、この調査の中で繰り返し現れた頻度の高い語であることを意味しています。

5 語彙量

　ある調査範囲の語彙について、それを構成している異なり語の総量を「語彙量」といいます（延べ語数を指して「語彙量」とする場合もありますが、ここでは、異なり語の総量を語彙量ということにします）。宮島（1971）は古典の文学作品の語彙量を調査・研究していますが、そのうち代表的な作品を語彙量の多い順に並べると、表3のようになります。これは自立語だけで助詞・助動詞を含んでいません。

源氏物語	11,423
万葉集	6,505
枕草子	5,247
徒然草	4,242
蜻蛉日記	3,598
伊勢物語	1,692
竹取物語	1,311
土佐日記	984

表3　代表的な古典文学作品の語彙量（宮島 1971 より抜粋）

『枕草子』は約5,000語で、約1万語の『源氏物語』の半分の語彙量で書かれていることがわかります。それでは、近現代の文学作品はどのくらいの語彙量で書かれているのでしょうか。

田中（1978）によれば、短編小説である『高瀬舟』の語彙量は846で、『山月記』が842、『羅生門』が678、『山椒魚』が552です。このように特定の作品に使用されている語彙量を調査することは可能ですが、「現代日本語で使われている語彙量」を推定することは容易ではありません。

国立国語研究所の各種語彙調査の結果から、現代日本語で成人が使用している語彙量は4万語から5万語だといわれています。ただし、当然個人差も大きく、その上、常識的に考えてみても、4、5万もの語を自由自在に使いこなしているとは考えられません。また、話したり、書いたりして自分の使うことのできる「使用語彙」と、自分は使わなくても聞いたり読んだりして意味のわかる「理解語彙」とでは、その語彙量は異なります。共通語における成人の理解語彙は約4万語で、使用語彙はその3分の1程度ではないかと推定されています。

語彙調査で重視されるのは、語彙量と使用率です。現代日本語においてよく使われる語、すなわち、使用率が高い語（高頻度語）はどのような語でしょうか。表4は、『現代日本語書き言葉均衡コーパス（BCCWJ）』に含まれる書き言葉のテキストについて、使用率の高い語のうち上位20位までの語を4種類のメディアごとに並べたものです。数値は、それぞれ100万語あたりの出現数を表します。

雑誌			新聞			教科書			Yahoo! 知恵袋		
する	[動]	21,868	する	[動]	24,651	する	[動]	27,654	する	[動]	25,102
いる	[動]	9,360	いる	[動]	8,526	ある	[動]	8,625	いる	[動]	11,802
ある	[動]	6,430	ある	[動]	4,618	いる	[動]	8,538	ある	[動]	8,901
言う	[動]	6,127	なる	[動]	3,897	こと	[名]	6,045	言う	[動]	7,279
こと	[名]	5,121	こと	[名]	3,884	なる	[動]	5,673	こと	[名]	6,207
なる	[動]	4,881	年	[名]	3,768	よう	[状]	5,414	ない	[形]	5,925
ない	[形]	3,616	言う	[動]	3,612	言う	[動]	3,869	なる	[動]	5,923
よう	[状]	2,768	日	[名]	2,987	見る	[動]	3,796	思う	[動]	5,579
その	[連]	2,753	月	[名]	2,733	図	[名]	3,069	良い	[形]	5,251
年	[名]	2,387	者	[尾]	2,720	その	[連]	3,067	御	[頭]	4,766
さん	[尾]	2,313	ない	[形]	2,609	この	[連]	3,000	よう	[状]	3,466
御	[頭]	2,138	日本	[名]	2,456	よる	[動]	2,800	下さる	[動]	3,253
できる	[動]	2,127	市	[名]	2,373	年	[名]	2,619	私	[代]	3,055
この	[連]	2,120	さん	[尾]	2,273	もの	[名]	2,611	できる	[動]	3,051
もの	[名]	1,976	人	[尾]	2,053	的	[尾]	2,589	人	[名]	2,909
的	[尾]	1,970	的	[尾]	1,934	できる	[動]	2,573	見る	[動]	2,855
それ	[代]	1,897	円	[名]	1,730	さ	[尾]	2,414	方	[名]	2,832
来る	[動]	1,886	日	[尾]	1,727	時	[名]	2,242	何	[代]	2,824
良い	[形]	1,827	よう	[状]	1,543	日本	[名]	1,869	その	[連]	2,688
見る	[動]	1,788	その	[連]	1,512	考える	[動]	1,866	もの	[名]	2,550

表4『現代日本語書き言葉均衡コーパス』における高頻度語（メディア別）
　　［名］名詞、［動］動詞、［代］代名詞、［形］形容詞、［状］形状詞（形容動詞に相当する）、［副］副詞、
　　［感］感動詞、［接］接続詞、［連］連体詞、［頭］接頭辞、［尾］接尾辞

　「する」「いる」「ある」「なる」「言う」などの基本的な動詞や、「こと」「もの」などの形式名詞は、大半のメディアで上位20位までに現れています。これらは、使用場面の違いを問わず、常に高い頻度で用いられる基本的な語であると考えることができます。一方で、メディアの違いに応じて、特徴的な語が挙がっていることもわかります。
　では、話し言葉には、どのような語が多く出現するのでしょうか。表5は、

学会講演			模擬講演			対話（自由）		
えー	[感]	33,907	言う	[動]	22,658	うん	[感]	54,190
する	[動]	24,827	する	[動]	16,126	言う	[動]	22,829
言う	[動]	22,826	えー	[感]	14,892	そう	[副]	20,400
まー	[感]	10,019	あの	[感]	14,781	あー	[感]	14,424
こと	[名]	9,710	まー	[感]	12,139	する	[動]	12,565
ある	[動]	8,144	こと	[名]	9,007	何	[代]	10,792
で	[接]	7,879	で	[接]	7,953	あの	[感]	9,609
あの	[感]	7,406	ある	[動]	7,645	ある	[動]	8,806
この	[連]	7,120	それ	[代]	6,509	こと	[名]	8,257
いる	[動]	6,453	いる	[動]	6,090	ええ	[感]	7,919
よう	[状]	5,785	思う	[動]	5,826	ない	[形]	7,455
えーと	[感]	5,566	その	[連]	5,598	はい	[感]	7,286
これ	[代]	5,533	なる	[動]	5,538	それ	[代]	6,969
なる	[動]	5,103	そう	[副]	4,928	で	[接]	6,378
もの	[名]	5,020	行く	[動]	4,876	まー	[感]	6,251
それ	[代]	4,938	ない	[形]	4,816	こう	[副]	5,998
的	[尾]	4,322	何	[代]	4,607	やる	[動]	5,871
その	[連]	4,221	もう	[副]	3,950	思う	[動]	4,752
あー	[感]	3,573	よう	[状]	3,761	えー	[感]	4,709
その	[感]	3,184	私	[代]	3,555	なる	[動]	4,393

表5 『日本語話し言葉コーパス（CSJ）』における高頻度語（場面別）
[名] 名詞、[動] 動詞、[代] 代名詞、[形] 形容詞、[状] 形状詞（形容動詞に相当する）、[副] 副詞、
[感] 感動詞、[接] 接続詞、[連] 連体詞、[尾] 接尾辞

現代日本語の話し言葉（独話）を収録した『日本語話し言葉コーパス（Corpus of Spontaneous Japanese: CSJ）』の「学会講演」「模擬講演」「対話（自由）」における高頻度語を上位20位まで並べたものです。「えー」「あの」のような感動詞（フィラー）や、「うん」「ええ」のような応答を表す感動詞、談話の展開を表す接続詞「で」、「これ」「この」「そう」「その」のような基本的な指示詞など、書き言葉と比べて異なる傾向の語が上位に現れていることがわかります。

6 基本語彙

　各種の語彙調査において、使用場面の違いによらず高い頻度（使用率）で出現する語の集合は、基本的な語彙ということになります。このように、使用率が高く使用範囲の広い語の集合を、一般に「基本語彙」といいます（ただし、「基本語彙」という名称にはいくつかの定義があります。窪田（1989）に詳しい説明があります）。

　基本語彙の代表的なものに、小学校国語教科書を対象とした語彙調査の結果、語の頻度と分布に基づいて基本語3,000を選んだ『国語教育のための基本語体系』（池原 1957）や、高校教科書の語彙調査の結果を基に高頻度語を中心に1,803語を選んだ「留学生教育のための基本語彙表」（樺島・吉田 1971）などがあります。

　使用率に基づいて基本語彙を選定する場合、高頻度語群は基本的な語を含む一方、その調査対象独特の語を含むことがあります。例えば、表4の「新聞」には「月」「日」が、「教科書」には「図」などが現れていますが、これはそれぞれのメディアが持つ性格を表したものといえるでしょう。大規模な語彙調査において、偏りのないサンプルから一般性の高い高頻度語を得るためには、できるだけ広い範囲（「言語使用域」または「レジスター」と呼ばれます）にわたってさまざまな対象を調査する必要があります。現代日本語の書き言葉を幅広く収集し、厳密な手続きでサンプリングした『現代日本語書き言葉均衡コーパス（BCCWJ）』の設計は、そのような背景を前提としたものです（山崎編 2014）。

7 基礎語彙

　基本的な語を選定する場合、上述の基本語彙は統計的な方法による客観的な選定を意図しています。一方、「基礎語彙」は日常の言語生活に必要な最小限の語を、一定の数だけ主観的な判断によって体系的に選定したものです。基礎語彙は、1930年にイギリス人のC. K.オグデンらによって提唱されたBasic Englishの考え方が基になっています。国際コミュニケーションのための第二言語として使用されることを意図したBasic Englishは、まったく人為的に選定された850語を使用することで日常の一般的なコミュニケーションは問題なくできるというものです。名詞を中心に850語と語数を制限していますが、実際にはoperators（作用語）としてcome、do、haveなどの動詞18語と、24語のdirectives（方向詞）、つまり前置詞とを組み合わせたことばが使われています。

　これを応用したものに、1933年に発表された土居光知の「基礎日本語分類表」があります（土居 1933）。土居は1,100語の基礎語彙を選定し、意味分野ごとに分類しています。この中の〔ひと〕には次の21語が、〔着もの〕には14語が選ばれています。

〔ひと〕
　　　兄　姉　相手　妹　をぢ　主　男　弟　をば
　　　女　子　祖先　父　友　母　ひと　夫人　王　天皇　皇后　客
〔着もの〕
　　　服　帯　そで　はかま　羽織　帽子　外套
　　　たび　靴　ひも　ポケット　カラ　シャツ　ボタン

　基礎語彙の考え方に基づいたものに、玉村文郎の「日本語教育基本2570語」があります（玉村 1987）。これは初級レベルの日本語学習者が学ぶべき日本語の一般的・基本的な語彙として選定されたものです。

基礎語彙と基本語彙の選定方法の違いですが、一般に基礎語彙は主観的な方法で選定されるため、種々の意味分野や使用領域にわたり基本的な語が体系的に集められますが、選定された語彙が個人の主観に偏るおそれがあります。一方、基本語彙のように統計的な方法では客観的に語彙を選定することができますが、その反面、対象となった語彙調査の資料が限定されるために、種々の使用領域にわたって語彙を収集することができない傾向があります。そこで、この両者の方法を組み合わせ、語彙調査の結果を基礎にし、そこに主観的な判断で選んだ語を補いながら選定するという方法がとられることが多くあります。「日本語教育基本語彙表」は国立国語研究所『日本語教育のための基本語彙調査』(1984)において、専門家22名が『分類語彙表』(第11章参照)から日本語学習者に必要な基本的な語彙を選び出し、各種語彙調査の結果を踏まえて、専門家の判断により選定し、まとめたものです。

8 語の基本度

　そもそも基本的な語とはどのような語をいうのでしょうか。基本語彙のように統計的な方法によって得られた高頻度群の語の中にも範囲に偏っているものとすべての分野に広く分布しているものとがあります。田中(1978)は朝日・毎日・読売の3紙1年分の語彙調査の結果である『電子計算機による新聞の語彙調査Ⅳ』を基に「優遇」「委託」「しかし」「問題」という4語の分布のしかたを調べています。結果は「優遇」が頻度順位で63位に、「委託」が67位、「しかし」が92位に、「問題」が102位になりました。その分布状態は表6のようになります。

見出し		優遇	委託	しかし	問題
全体	総度数	1,430	1,367	1,021	894
層別度数分布	政治	2	3	152	188
	外交	—	1	19	40
	経済	—	1	113	73
	労働	—	—	10	6
	社会	—	—	199	167
	国際	—	—	136	151
	文化	—	—	143	94
	地方	—	—	17	17
	スポーツ	—	—	90	33
	婦人家庭	7	9	44	29
	芸能娯楽	—	—	35	56
	その他	1,421	1,353	63	40
記号・数字をのぞく	順位	63	67	92	102
	出現率	1.012	.967	.723	.633
	累積比率	328.352	332.247	352.300	358.947

表6　各新聞における「優遇」「委託」「しかし」「問題」の分布（田中 1978 より）

　「優遇」と「委託」の分布が層別度数分布の〈その他〉に集中しているのに対して「しかし」と「問題」は各層に万遍なく分布しています。頻度順からいえば「優遇」「委託」の方が高いですが、順位の低い「しかし」「問題」の方が常識的に考えてみても、また各層の分布状態からみても、基本的な語です。林 (1974) は、先の新聞3紙の語彙調査に基づいて、使用率の高い上位5,417位までの語について、頻度の多少を「深さ」として「深い」から「浅い」で表し分布の「広さ」を「広い」から「狭い」で表し、この両者をかけ合わせて語の「基幹度」を判定して、表7のようにまとめています。「基幹語彙」とはある集団の基幹部として存在する語彙のことですが、完全な基幹語彙は表7のA1の枠の「極めて広い」そして「深い」語群であり、D1の枠に属する「狭い」そして「深い」語群は、特定の分野で頻繁に使われる基幹語彙とは著しく性格の異なるものだとされています。

		深さ			計
		1. 深い	2. 中位	3. 浅い	
広さ	A 極めて広い	A1 162	A2 229	A3 198	589
	B かなり広い	B1 10	B2 405	B3 766	1,181
	C 中位	C1 213	C2 580	C3 1,330	2,123
	D 狭い	D1 987	D2 409	D3 128	1,524
					5,417

表7　広さと深さのかけ合わせによる12区画と所属語数（林1974より）

　先の「優遇」と「委託」はD1の〈案内広告欄だけで極めて多く用いられる語〉に属しています。「経験者優遇　エステティシャンの業務委託」のような求人広告を思い出せば理解できるでしょう。

　表8は「新聞基幹語彙」として林（1974）が挙げているA1〈極めて幅が広く、深さも深いもの〉の語群、表9はA3〈極めて幅が広く、深さは浅いもの〉の語群の一部です。

名詞	こと　もの　ため　とき　ところ　方　点　わけ　ほど　◆　前　以上　ほか　中　次　一方　上　他　あと　中心　はじめ　間　後　◆　いま　午前　午後　昨年　夜　現在　最近　◆　私　人　手　話　問題　場合　考え　結果　必要　政府　世界　日　一部　◆　東京　日本　昭和　アメリカ
数詞	一　二　三
コソアド	この　その　これ　それ　どう
動詞	いる　ある　いう　なる　する　つく　よる　いく　できる　対する　出る　聞く　かける　くる　見る　とる
形容詞	ない（助動詞も含む）　多い　同じ　強い　いい
連体詞	大きな　約　同
副詞	さらに　よく　とくに
接続詞	また　しかし

表8　A1〈極めて幅が広く、深さも深いもの〉の語群（林1974より）

名詞	者 以下 以外 ごろ ◆ 別 全部 全体 延長 共通 発展 途中 ◆ 第一 過去 時期 現状 末 第一回 今年 毎年 季節 ◆ 効果 当然 現地 準備 条件 戦後 会長 最大 希望 足 影響 人たち 傾向 わずか 変化 性格 成功 経験 人気 直接 教育 新聞 目標 町 質問 農業 可能性 危険 山 状態 成果 収入 あて 結論 参加 場 不安 グループ 資金 不満 教え 特徴 カギ 運動 調整 関心 向上 実現 恐れ 数字 不足 訪れ
動詞	続ける 違う 入れる 行く 出る すぎる 迎える しまう はいる 注目する しれる つくる 設ける かける 見せる 聞く 使う おく 立つ やめる 含める 成功する 示す 終る 許す 残す 合う 生かす 捨てる 立てる 起きる つづく
形容詞	少ない 悪い 高い 長い 激しい むずかしい
連体詞	各 いわゆる 去る このような
副詞	再び はっきり とにかく あるいは これから いつも とても なかなか それだけ その後 それほど 具体的に たとえ
接続詞	そこで それに

表9　A3〈極めて幅が広く、深さは浅いもの〉の語群　（林 1974 より）

9 語数とカバー率

　日本語は語の数が多い言語だといわれています。では、計量的な観点から日本語の語彙を他の言語と比べて見てみましょう。以下の表10は、語彙数とカバー率（基本語の語彙調査に基づいた、使用頻度の高い語彙の上位n位までの語彙でその言語がどの程度理解できるかを示す割合）を示したものです。

言語 語数(上位)	英語	フランス語	スペイン語	中国語	コリア語	日本語
1～500	—	—	—	63.1	66.4	51.5
1～1,000	80.5	83.5	81.0	73.0	73.9	60.5
1～2,000	86.6	89.4	86.6	82.2	81.2	70.0
1～3,000	90.0	92.8	89.5	86.8	85.0	75.3
1～4,000	92.2	94.7	91.3	89.7	87.5	1～3,500 (77.3)
1～5,000	93.5	96.0	92.5	91.7	89.3	81.7
計	93.5%	96.0%	92.5%	91.7%	89.3%	81.7%

表10　語数とカバー率　（玉村1987より）

　注：英語・フランス語・スペイン語についてはモスクワ国立言語研究所調査結果（南博「記憶術」に紹介されたもの）、中国語については北京語言学院語言教学研究所編著「現代漢語頻率詞典」（北京語言学院出版社　1986年6月第1版）、コリア語については「韓国語　語彙使用頻度調査」（文教部1956）、日本語については国立国語研究所「現代雑誌九十種の用語用字（1）－総記および語彙表－」表1による。

　この表によると、上位2,000語を知っていると、英語は86.6％、フランス語は89.4％、韓国語（コリア語）は81.2％が理解できますが、日本語だと70.0％しかわからないことになります。日本語は5,000語知っていても、まだ81.7％にしかなりません。この表からはわかりませんが、日本語でカバー率が91.7％になるため

には１万語を知らなければなりません。１万語を習得して、やっとこの調査の対象となった90種の雑誌の90％が理解できるということになります。それでも、英語、フランス語、スペイン語の5,000語のカバー率にも達しません。ここから、日本語はカバー率の低い言語だということがいえます。

　日本語の語数が多い理由として、次のようなことなどが考えられます。

(1)　オノマトペ（擬音語・擬態語）が多く、特に擬態語が豊富である。
(2)　性差・地域差・話しことばと書きことばなどの位相の違いによる語や表現に富んでいる。
(3)　外来語を取り入れやすく、また複合語・派生語などが作りやすい。
(4)　尊敬語・謙譲語Ⅰ・謙譲語Ⅱ・丁寧語・美化語のような待遇表現が発達している。

10 日本語能力試験

　日本語を母語としない人を対象として、日本語の能力を測定し、認定することを目的として、1984年から毎年「日本語能力試験」が実施されています。2010年から実施されている現在の日本語能力試験では、レベルが５段階となり、各レベルの認定の目安が［読む］［聞く］という言語行動で表わされることになりました。このため、それまでの試験（旧試験）のように、漢字の習得字数、語彙の習得語数のような認定基準が示されなくなりました。

　参考までに、旧試験の４レベルの認定基準を表11に載せておきます。これによれば、１級に合格するためには、語彙は１万語程度を習得していなければならないことになります。

級	構成			認定基準
	類別	時間	配点	
1	文字・語彙	45分	100点	高度の文法・漢字（2,000字程度）・語彙（10,000語程度）を習得し、社会生活をする上で必要な、総合的な日本語能力。（日本語を900時間程度学習したレベル）
	聴解	45分	100点	
	読解・文法	90分	200点	
	計	180分	400点	
2	文字・語彙	35分	100点	やや高度の文法・漢字（1,000字程度）・語彙（6,000語程度）を習得し、一般的なことがらについて、会話ができ、読み書きできる能力（日本語を600時間程度学習し、中級日本語コースを修了したレベル）
	聴解	40分	100点	
	読解・文法	70分	200点	
	計	145分	400点	
3	文字・語彙	35分	100点	基本的な文法・漢字（300字程度）・語彙（1,500語程度）を習得し、日常生活に役立つ会話ができ、簡単な文章が読み書きできる能力。（日本語を300時間程度学習し、初級日本語コースを修了したレベル）
	聴解	35分	100点	
	読解・文法	70分	200点	
	計	140分	400点	
4	文字・語彙	25分	100点	初歩的な文法・漢字（100字程度）・語彙（800語程度）を習得し、簡単な会話ができ、平易な文、または短い文章が読み書きできる能力。（日本語を150時間程度学習し、初級日本語コース前半を修了したレベル）
	聴解	25分	100点	
	読解・文法	50分	200点	
	計	100分	400点	

表11 日本語能力試験（旧試験）の構成および認定基準

独立行政法人国際交流基金・財団法人日本国際教育支援協会発行 社団法人日本語教育学会編集（2008）
『平成18年度日本語能力試験 分析評価に関する報告書』(p.29) 凡人社より

タスク

問題1　次の文章を読み、空欄1～9の中に最も適当な語句を入れなさい。

　語の集まりである語彙は数量的に扱うことができる。例えば、次の文は下のように区切ることができる。

朝　が　来　て　そして　夜　が　来る

この文は8語からなっている。この8語を（　1　）という。「が」が二つ、「来る」が二つあるが、同じ語は一つと数えると6語となる。これを（　2　）という。（　2　）の使用度数を（　1　）で割ったものが（　3　）である。（　3　）の高い語ほど多義的であるといわれている。

　個人の語彙量は（　4　）と（　5　）とに区別されるが、当然のことながら（　4　）より（　5　）の方が語彙量は大きい。語彙量は個人差が大きいが、成人の場合についていえば、（　5　）は（　6　）語前後だといわれる。そして（　4　）の数は（　5　）の（　7　）程度ではないかと推定されている。

　客観的な選定を目的として語彙調査をし、（　3　）が高く、いろいろな種類の言語表現に広く現れるものを一般に（　8　）という。これに対して主観的な判断によって選定されたものは（　9　）といわれる。

問題2　次の文章を読んで、後の問い**1**～**4**に答えなさい。

　統計的な語彙調査の結果をみると、同じ使用度数でありながら、一方の語は広く、種々の話題や分野にわたって用いられるのに対して、他方の語はその使われる領域がきわめて限られているということがしばしばある。このようなことから同じ使用度数でも使用領域の広い語の方が基本的だという考えが出てくる。単語の基本度を測るには、使用度数・使用率だけでなく、各語がどのように分布して

いるかということも重要な尺度となる。ₓ基本語彙とは、語彙調査の結果に基づいて使用率の大小や使用領域の広さ・狭さによって選定していくものである。

これらとはまったく異なる立場から選定されたものに基礎語彙がある。これは（　ア　）の Basic English の考え方を基にしたものである。

基本語彙にしても基礎語彙にしても、選定された基本的な語彙というものは日常生活に不可欠であり、それを知っていればほぼ不自由なく日常生活が営めるものであるべきである。

1　下線部 x の「基本語彙」の有効性とその限界について述べなさい。

2　空欄アに適当な人名を入れなさい。

解答

問題1　1：延べ語数　2：異なり語数　3：使用率　4：使用語彙　5：理解語彙
　　　　　6：4万語　7：3分の1　8：基本語彙　9：基礎語彙

問題2　**1**　有効性……個人の主観による偏りがなく、まったく客観的であること。
　　　　　　　その限界……語彙調査がいかに大規模なものでも、調査対象とした対象の特
　　　　　　　性が結果に出てしまうことは免れない。例えば、新聞・雑誌・教科書などの
　　　　　　　書きことばから資料を集める限り、基本的な単語であっても「ハイ」「イイエ」
　　　　　　　や挨拶用語はなかなか収集することができない。
　　　　　2　C. K. オグデン

解説

問題1　p.28 の表4を見ると、高頻度語には多義的な語が多いことがわかる。

実践タスク

1. ある程度語彙が増えてくると、関連する語と語を関連付けて図示する(「語彙マップ」を作る)ことで、既知の語彙を整理することができます。例えば、下の図は「食べ物」を例にした「語彙マップ」です。この図を参考にして、「音楽」から連想される語を整理し、語彙マップを作ってみましょう。

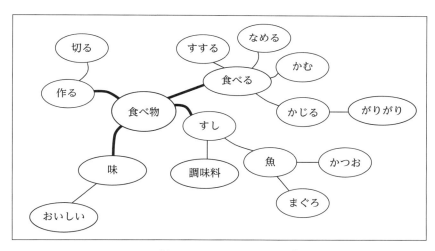

図 「食べ物」を例にした語彙マップ

2. 一口に日本語学習者と言っても、仕事の内容や暮らす環境によって、その人が必要とする語彙は違います。下の①～④の日本語学習者に必要と思われる基本語彙を10語挙げてみましょう。
   ① コンビニエンスストアでアルバイトをする留学生
   ② 日本の大学で日本人の学生に教える外国人教師
   ③ 日本の学校に通う子どもを持つ外国人の母親
   ④ 日本の介護施設でお年寄りの世話をする外国人介護福祉士

第 **3** 章

語と語形

□ 語の認定基準を考えましょう

□ 語の長さと語種の関係、語の表記法を理解しましょう

「父はパ・リーグを、母はセ・リーグを応援する。」という文があります。「父」も「母」も１語ですが、「は」や「を」は１語でしょうか。「応援する」は「応援」と「する」をそれぞれ１語と考えるのでしょうか。「パ・リーグ」も「セ・リーグ」もそれぞれ１語と数えるのでしょうか。「パシフィック　リーグ」だったら、２語と数えるのでしょうが、それを略した「パ・リーグ」はやはり１語でしょうか。何を語と考えるかは難しい問題です。

第１章で、語彙は語の集合であり、集合の要素である語（単語）は、一定の意味を持ち、文を組み立てる最小の独立した単位であると定義しました。文を構成する要素として語を考える場合、文法学説によって語の認定が変わってきますが、大きく二つの説に分類することができます。一つは、「は」「を」のような助詞や、助動詞を付属語として語と認め、自立語の「父」「母」などにつくことにより文法的な関係を規定するという考え方です。もう一つは、文法的な働きと意味の両方を持っているのが語であり、助詞や助動詞などを語の一部を構成するものとし、上の例で言えば「父は」「母は」をそれぞれ１語とする考え方です。

ただし、語は文法的な視点からだけ規定されるものではなく、私たちの周りの世界を切り取り、その切り取った断面を命名する道具でもあります。例えば、「菜の花」は文法的には「菜」「の」「花」の３語、あるいは「菜の」と「花」の２語と考えられますが、一般的には１語と考えるのが普通です。この章では語と語形について考えることにしましょう。

11 語形と語の認定

　語は、一定の語形と一定の意味が結びついた統一体です。「語形」とは、語を音韻(音素、または音素と声調やアクセント)の連続したものとして捉えることをいいます。例えば、「雨」という語は/a/、/m/、/e/という3種類の音素の結合ですが、一定の配列で並んでおり、アクセントの下がり目は/a/の後にあります(共通語の場合)。「飴」は「雨」と同じ音素の結合で配列も同じですが、アクセントの下がり目はありません。アクセントの情報が加わると意味が特定できますが、語形を考える場合、一般的にはアクセントは考えず、音素だけで考えます。

　先にも述べたように、語を「一定の意味を持ち、文を組み立てる最小の独立した単位」と定義すると、「菜の花」のように「菜」と「の」と「花」からなる語や、「使用済み核燃料再処理工場」は1語とすべきかどうかということが問題になります。「菜の花」は現代語では1語でしょうし、「使用済み核燃料再処理工場」は1語とは感じられないでしょう。

　語の認定の標識(目印)として、玉村(1987)は、「まつげ」と「火の粉」を例として次の4項目を挙げています。

1. アクセントのある高いところが1カ所しかない。
　　例：ま　つ　げ

2. 間投助詞「さ」「ね」「な」を間にはさむことができない。
　　例：＊火の<u>ね</u>粉

3. ひとまとまりの言葉Aの中に、ある言葉Bが付属形式の形で含まれる場合は、言葉Aだけが1語となる。

例：<u>ま</u>つげ

    ↑「ま」は「目」を意味する付属（単独では語となり得ない）形式

4. 連濁現象（第4章参照）を起こすということは、1語としてのまとまりを示
    していることになる。

    例：まつ<u>げ</u>

        ↑「げ」は毛（け）が濁音化したもの

  このように語の認定は意味の面からだけでも形の面からだけでもできるもので
はありません。

12 同音異義語

  音素の種類と配列が同じ二つ以上の語を「同音語」といいます（ここではアク
セントの違いは考えません）。同音語には、同じ音読みで異なる意味の熟語であ
る「同音異義語」（以外・意外／追求・追及・追究など）と、同じ訓読みで異な
る意味の漢字の「同訓異義語」（暑い・熱い・厚い・篤いなど）があります。特
に、日本語には同音異義語が多いと言われています。

  なぜ同音異義語が多いかというと、それは日本語の音素に関係しています。現
代日本語の音素は、ガ行鼻濁音を除くと、次のとおり23しかありません。

母音音素　　　/a/ /i/ /u/ /e/ /o/

半母音音素　　/j/ /w/

子音音素　　　/k/ /g/ /s/ /z/ /t/ /c/ /d/ /n/ /h/ /p/ /b/ /m/ /r/

特殊音素　　　/N/ /Q/ /R/　（N：撥音　Q：促音　R：長音）

これらの音素が結合して「拍」（音節）ができます。一つの拍は、次に示す五つのいずれかによって構成されます。実際に用いられている拍の数は、表1に示すように103しかありません。

1母音、　1子音＋1母音、　1半母音＋1母音、
1子音＋1半母音＋1母音、　特殊音

a	i	u	e	o	ja	ju	jo
ka	ki	ku	ke	ko	kja	kju	kjo
ga	gi	gu	ge	go	gja	gju	gjo
sa	si	su	se	so	sja	sju	sjo
za	zi	zu	ze	zo	zja	zju	zjo
ta	ci	cu	te	to	cja	cju	cjo
da			de	do			
na	ni	nu	ne	no	nja	nju	njo
ha	hi	hu	he	ho	hja	hju	hjo
ba	bi	bu	be	bo	bja	bju	bjo
pa	pi	pu	pe	po	pja	pju	pjo
ma	mi	mu	me	mo	mja	mju	mjo
ra	ri	ru	re	ro	rja	rju	rjo
wa							
				N　Q　R			

表1　現代日本語の拍一覧

　このように日本語の拍は極めて単純な構造なので、「木（き）」「目（め）」「歯（は）」のような1拍語がそれほど多く存在せず、2拍以上の語が多くなると同時に、同じ音素の配列で構成される同音語を増やすことになります。

　なお、1拍語は短くて不安定なために聞き逃しやすく、また同音語が多く区別しにくくなるため、例えば「ハ」の同音語「羽」「歯」「刃」「葉」のうち「羽」を「ハネ」、「葉」を「ハッパ」というように長くするものもあります。

　ところで、同音語はコミュニケーションの混乱をもたらすということでよく問

題にされます。特に問題となるのは漢語の同音異義語で、例えば、「コウショウ」という語を『現代国語例解辞典　第五版』で引くと、次の19語が見出し語となっています。

　口承・口誦・工匠・工廠・公称・公娼・公証・公傷・交渉・好尚・考証・
　行賞・咬傷・哄笑・校章・高尚・高承・高唱・鉱床

　この他、「キコウ」「コウジ」「センコウ」なども多くの同音異義語があります。同音異義語はその語の使われている文脈から判別されることが多いですが、「科学」と「化学」、「市立」と「私立」などは同じような文脈で使われることが多いため紛らわしいことになります。
　同音ではありませんが、発音のよく似ている語を「類音語」といいます。「美容院」と「病院」、「氷」と「小売り」、「五億」と「業苦」などがあります。日本語学習者は日本語母語話者とは異なる聞き間違いをよくします。「おばさん」と「おばあさん」、「主人」と「囚人」などは代表的なものですが、筆者の同僚のアメリカ人は「要覧委員」と「養老院」、「手抜き」と「たぬき」、「草もち」を「くそもち」に聞き間違えたことがあると話していました。
　学習者にとって、類音語を間違えないように聞き分け、かつ発音することはとても難しいようです。「お・ば・さ・ん」は4拍で、「お・ば・あ・さ・ん」は5拍だと、手をたたきながら違いをわかってもらおうとしても、いざ学習者に発音させると、「おばさん」も「おばあさん」も同じになってしまうことが多くあります。その場合、教室では教師が「あばさん」か「おばあさん」のどちらかを発音し、学習者の前に置いておいた「おばさん」「おばあさん」と書いた文字カードや絵カードを選ばせたり、同じことを学生同士でやってもらったり、逆に学習者が発音し、教師が文字カードや絵カードを選ぶという練習をすると効果的です。

13 語の長さ

　語の長さを拍数から見てみることにします。図1は、NHK『日本語アクセント辞典』(1951年版)の見出し語形(約4万7,000語)を調査対象とし、拍数から分類したグラフです。

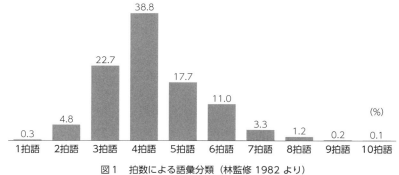

図1　拍数による語彙分類（林監修 1982 より）

　「チイサイ」「ガクシキ」「モルヒネ」などの4拍語が約40％で第1位を占めています。平均は4.22拍で、3拍語から6拍語までで90.2％を占めています。一般に日本語では1語と認定できる範囲は1拍から10拍までで、平均は4拍だといわれていますが、上の図からも日本語は3～6拍あたりが安定しやすい優勢な語形であることがわかります。次に1拍語から10拍語までの語例を、林監修(1982)から引用しておきます。

1拍語　目・手・木
2拍語　人・北・耳
3拍語　桜・東・時計
4拍語　大きい・新聞・メリヤス
5拍語　新しい・志・ハーモニカ
6拍語　情深い・経済学・クリーニング
7拍語　博多人形・涙ぐましい
8拍語　東西南北・ハモンドオルガン
9拍語　支払い証明書
10拍語　三十三間堂

14 語の長さと語種

　では、語の長さ（語の拍数）は、語種（第4章参照）により偏りがあるのでしょうか。表2は新聞用語の語種と拍数の関係を表したものです。和語と漢語、外来語とも第1位が4拍語、第2位が3拍語です。漢語は2拍語と3拍語、4拍語で全体の97％を占めます。漢語には2字漢語が大量にあることから、「大学」「経済」「国際」のような4拍や「政治」「辞典」「国語」のような3拍語、「指示」「夏期」などの2拍語が多くなっています。

拍数＼語種	和語	漢語	外来語
1拍	171　(1.4)	393　(2.3)	52　(1.3)
2拍	2,260 (18.0)	1,895 (11.3)	223　(5.8)
3拍	3,974 (31.6)	5,300 (31.7)	831 (21.7)
4拍	4,145 (33.0)	9,040 (54.0)	983 (25.7)
5拍	1,614 (12.8)	59　(0.4)	742 (19.4)
6拍	352　(2.8)	35　(0.2)	577 (15.1)
7拍〜	47　(0.4)	13　(0.1)	421 (11.0)
計	12,563 (100)	16,735 (100)	3,829 (100)

表2　新聞用語の語種と拍数の関係（異なり語）（中野 1973 より）
＊（　）は著者による

　和語は2拍語（冬、行く、ああ、など）から5拍語（女物、改める、新しい、など）までで約95％を占めることから、漢語より多少長いといえるでしょう。外来語は第1位の4拍語（オルガン、エスプリ、など）が25.7％で、第2位の3拍語（エキス、ウラン、など）が21.7％、第3位の5拍語（ピアニスト、マスメディア、など）が19.4％、第4位の6拍語（ダイナミック、ディスカウント、など）が15.1％とたいした開きがなく、ばらつきが見られます。日常的な外来語である「パパ」「カップ」などは語形が短いものですが、「リサイクル」「エスカレーター」「コミュニケーション」などを考えてみても、外来語には語形の長いものが多いといえるでしょう。

15 語形のゆれ

　「行く」は「いく」とも「ゆく」とも読まれます。「日本」の読みも「にほん」と「にっぽん」の両方があります。このようにある語に異なる語形が二つ以上あり、かつ、それらの間に区別すべき合理的な理由が見つからない場合、それを「語形のゆれ」といいます。そのいくつかを分類して具体例を挙げると、次のようになります。

(1)　1拍を減らした語形によって生じるゆれ
　　　例：ほんとう→ほんと、けっして→けして、まじめ→まじ
(2)　発音の転訛(なまけ)によって生じるゆれ
　　　例：つまらない→つまんない、あたたかい→あったかい、すみません→すいません、すんません、刻々(コクコク→コッコク)、輸出(ユシュツ→ユシツ)
(3)　特殊拍の挿入によって生じるゆれ
　　　例：よほど→よっぽど、すごく→すっごく、まるい→まあるい、
(4)　外来語に見られるゆれ
　　　例：バッグ→バック、ベッド→ベット、フィルム→フイルム
(5)　その他
　　　例：さびしい→さみしい、ふんいき→ふいんき、さけ→しゃけ

　語形が違っていることに対応して、意味にもなんらかの差があるという心理が働き、意味の上の区別が生じてくる場合があります。このように語形のゆれが積極的に利用されて別々の意味になると、ゆれではなく、別の語ということになります。例えば、「鮭」は「さけ」と言う場合と「しゃけ」と言う場合がありますが、『学研現代新国語辞典　改訂第四版』には、「しゃけ」の語釈に、

鮭（さけ）。〔主に加工した物に言う〕

とあり、「さけ」にない意味を〔　〕に入れています。

　さて、コーパスを使うと、語形のゆれを数量的に把握することができます。例えば「やはり」という語には、「やっぱり」「やっぱ」という語形のゆれがあります。これらを『現代日本語書き言葉均衡コーパス（BCCWJ）』と『日本語話し言葉コーパス（CSJ）』で検索してみると、図2、図3のようになりました。

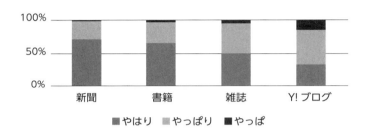

図2　『現代日本語書き言葉均衡コーパス』における「やはり」のゆれ

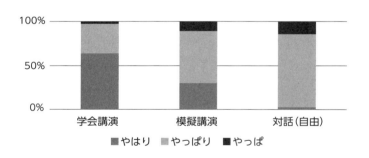

図3　『日本語話し言葉コーパス』における「やはり」のゆれ

書き言葉では「新聞→書籍→雑誌→ブログ」の順に、話し言葉では「学会講演→模擬講演→対話（自由）」の順に、「やはり」の比率が減り、「やっぱり」「やっぱ」の比率が増えていることがわかります。硬い文章やかしこまった講演では「やはり」が多く使われ、やわらかいテキストやくだけた話し言葉になるとその比率が下がっていく様子を見て取ることができます。

16 語形と表記

現代日本語の表記は、漢字仮名交じり文を基本とし、ローマ字やアラビア数字も必要に応じて用いられています。語形のゆれと同じように、表記にもゆれがあります。例えば、日本の代表的な食べ物である「すし」は、ひらがなで書いたり、あるいは「鮨」「鮓」「寿司」と書いたりします。これは日本語に正書法がないためだといわれています。しかし、次の例のように、実質的な意味のある語（電車・バス・乗（って）・学校・行（った））は漢字とカタカナで書き、機能語（助詞：と・に・て・へ、助動詞：た）や活用語尾（っ）などはひらがなで書く、という原則があります。

　　　例：電車とバスに乗って学校へ行った。

漢字仮名交じり文を基本とする現代日本語の表記体系において、カタカナやローマ字で書き表される語にはどのようなものがあるのでしょうか。普通カタカナで書き表されるのは、擬音語（ワンワン）、外来語（パン）、外国の人名・地名（ピカソ、パリ）、動・植物名（イヌ、キク）などです。この他、強調される語句（「なぜ彼らはクスリにハマっていくのか」）などがカタカナで書かれる場合があります。また、常にアルファベットで書かれる語をローマ字語またはアルファベット語といいますが、これには「Ｙシャツ」「Ｘ線」「JR」「SNS」「IT」「OPEC」など大文字で書かれる語が多いようです。最近の傾向として、「GNP」や「LOL」など「頭文字語」の増加が目立ちます。また、「KY（空気よめない）」「MM（マジむかつく）」のようなローマ字略語と言われるものもよく見られます。この他 kg、cc、cm、ppm などの単位は小文字で書かれます。

　語形と表記で特に問題になるのは次の３点です。

（1）同形語……同一表記でありながら、発音が異なる語。どの発音にするかは文

脈や共起する語から判断することが多い。機械処理の場合に問題となる（第6章参照）。

例：明日（あす、みょうにち、あした）
　　一日（ついたち、いちにち、いちじつ、ひとひ、いっぴ）
　　心中（しんちゅう、しんじゅう）
　　大家（おおや、たいか、たいけ）
　　博士（はくし、はかせ）

(2) 同義異表記の語……同じ意味だが、異なった表記の語。
　　例：付属・附属／語源・語原／布団・蒲団／堀・濠・壕

(3) 類義異表記の語……微細な意味の違いを漢字で書き分ける語群。
　　例：青い・蒼い・碧い／書く・描く・画く／機械・器械

タスク

問題1　「菜の花」はもとは〈名詞＋助詞＋名詞〉の構造であったが1語として認められるようになった語である。次の中からその例に当てはまらないものを選びなさい。

1. えのき　　2. うおのめ　　3. 卵の花　　4. ほのお　　5. スノコ
6. 日の丸　　7. みの虫

問題2　次の文章を読んで、後の問い**1**、**2**に答えなさい。

　話しことばにおいては、漢語の同音語は特に混乱を招くことが多いが、文脈に注意すれば誤解は少なくなる。例えば、「カイシン」においては、「カイシンの作であった」だったら、漢字として（　ア　）を当てるだろう。このような同音語の例には、「フーガ」と「風雅」などのように、同じ漢語同士でなく、外来語と混同する場合もある。

　また、「ビョウイン」と「ビヨウイン」のように、音が似ているために聞き間違えることもある。このような語を（　イ　）という。これもまた文脈によって理解できるが、「ビョウインに行く」「ビヨウインに行く」のような場合には、文脈で判断することができない。（　イ　）の例には、他には「　Ａ　」と「　Ｂ　」などがある。

1　空欄ア、イに適当な語を入れなさい。

2　空欄Ａ、Ｂに適当な例を入れなさい

問題3 次の文章を読んで、後の問い **1**〜**3** に答えなさい。

　語形で最も多いのは、和語・漢語・外来語いずれの場合も（　ア　）拍語であるが、語種によってそれぞれの割合が違う。（　ア　）拍語が50％以上を占めるものは、（　イ　）である。なお（　イ　）は、2拍から4拍語までの割合が全体の約97％を占める。これは、日本語話者において、1語と認定できる拍数の平均が（　ア　）拍であることと一致する。

　なお、外来語は各拍において平均的な分布が見られる。しかし、最近ではx日本語的な加工がされることなく、長い音節のまま日本語に組み入れられることが多いようである。外来語の分布はやや長い拍数の方に傾いているのではないだろうか。対応する日本語が必ずしもあるわけではなく、訳しきれないためであろう。

　また、外来語のうち比較的短い拍数の語の中には、日本語的な印象を持たないものもある。そこには、いくつか特徴が挙げられる。例えば、撥音や促音が含まれていたり、濁音・半濁音、ラ行音が語頭にあったり、語中・語尾にハ行音があったりすると「日本語的でない」と感じる。逆に、yこの条件からはずれたところにある外来語は、日本語的と感じられるだろう。

1　空欄アには数字、イには適当な語を入れなさい。

2　下線部xについて、例を挙げなさい。

3　下線部yについて、例を挙げなさい。

問題1　7（みの虫）

問題2　① 　ア：会心　　イ：類音語
　　　　② 　AとB：定期（ていき）とケーキ／ヘビとエビ／マッチとまち　など

問題3　① 　ア：4　　イ：漢語
　　　　② 　インフォームドコンセント、デジタルレファレンスサービス、
　　　　　　フラストレーション　など
　　　　③ 　オクラ、イクラ、チヂミ　など

問題1　「みの虫」は漢字表記は「蓑虫」で「蓑」を着ているように見えることから。なお、「ほのお」は「火の穂」から。

問題3

③　「オクラ」は英語の"okra"からで、「イクラ」はロシア語の"ikra"である。「チヂミ」は韓国料理の一種。

実 践 タ ス ク

1. 「つまらない」と「つまんない」、「すみません」と「すいません」、「すんません」という語形のゆれは、実際の書き言葉にはそれぞれどれくらい使われているのでしょうか。インターネット上で『現代日本語書き言葉均衡コーパス』を検索できるサイト「少納言」を使って、それぞれの語形を検索し、結果を数量的に把握してみましょう。

少納言：http://www.kotonoha.gr.jp/shonagon/

2. 外来語であることを示す以外の目的でカタカナ表記が使われることがあります。(1)〜(5)を見て、その目的を考えてみましょう。

(1) ワタシ、ニホンゴワカリマセン（テレビの字幕）
(2) 自分が悪いのに謝らないってアリですか?!（テレビの字幕　俳優の台詞）
(3) ケータイ料金見直し　ケータイ代が高いと感じる全ての方へ！（携帯電話のウェブサイト）
(4) 新薬は、ネズミを使った実験ではいい結果が得られた。10年後にはヒトへの応用が期待される。（新聞記事）
(5) 警察：警察だ！早く人質を解放しなさい！
　　犯人：その前に、カネはどこにある！　（小説）

第 4 章

語種

□ 語を出自により分類しましょう

□ 和語・漢語・外来語・混種語の性格を把握しましょう

日本語は、ひらがな・カタカナ・漢字・ローマ字、それにアラビア数字と、出自の異なる5種類の文字を使うことで有名ですが、語の出自も探っていくといろいろあります。「私はスポーツが好きで、高校野球もよくテレビで見ます。」という文では、カタカナで書かれている語が「外来語」、「高校野球」のように漢字で書かれている音読みの語は「漢語」、その他は全部和語です。漢字で書かれていても「私」「好(き)」「見(ます)」のように訓で読むものは「和語」です。和語、漢語、外来語のように、出自によって語を分類したときの種類を「語種」と呼びます。

　次の文を構成している語をその出自によって分類すると、(1)～(4) のようになります。

　古着や骨董、陶器、衣類、エスニック雑貨、食品、日用雑貨、縁起物、アクセサリー、植木など、いろいろなものがあります。

(1)　a　古着、植木、いろいろな、もの、あり(ある)
　　　b　や、など、が、ます
(2) 骨董、陶器、衣類、食品、日用雑貨
(3) アクセサリー
(4) エスニック雑貨、縁起物

　(1)は「和語」です。和語のうちaは内容語(語彙的な意味を持つ語)で、bは機能語(文法的な意味を持つ語)と呼ばれます。どちらも日本語固有の語で、外国と言語上の交渉が行われる以前から日本語の中にあったものや、その組み合わせ、またそれにならって造られた語などです。(2)は「漢語」で、字音語ともいわれるように通常は漢字で書かれ、なおかつそれらが音読みで読まれる語をいいます。中国から伝来した語ばかりではなく、日本で造られた漢語(和製漢語)もあります。(3)の「外来語」は、漢語以外の外来の語をいい、多くは西欧語を起源とします。(4)は (1)～(3)の複数の組み合わせからなる「混種語」です。この章では、語を出自によって分類し、それぞれの種類の語の性格を把握していきます。

17 語種分類と語種構成

　日本語の語彙は、上で述べたように、その出自によって大きく「和語」「漢語」「外来語」「混種語」の４種類に分けることができます。このような分類法を「語種分類」といいます。４種類の語種は次のように「単種」と「複種」に分けることがあります。

　　　　語 ｛ 単種……和語・漢語・外来語
　　　　　　 複種……混種語

　また、次のように、まず日本語本来の固有語と外国語からの借用語に二分し、借用語をさらに漢語と外来語に分類することもあります。

　　　　語 ｛ 固有語……和語
　　　　　　 借用語…… ｛ 漢語
　　　　　　　　　　　　 外来語

　しかし、漢語は中国語を起源とする語も少なくありませんが、日本語の中に入って来た歴史も古く、また漢語の多くは日本人が漢字音を自在に用いて造り出したものなので、借用語という意識はあまり強くありません。したがって、外来語と漢語を借用語の下に同じようには置かず、日本語の語種分類は、和語、漢語、外来語、それに複数の語種からなる混種語の四つに分けるのが妥当だと考えられます。

　語種の構成から日本語の語彙全体を考えてみましょう。国立国語研究所が実施した「現代雑誌九十種の用語用字」という語彙調査の結果から引用します。これは、1956年に発行された現代雑誌90種を対象として、そこに現れた用語を語種に分けて、その使用率を算出しています。調査結果をまとめたものが次の図１です。ただし、この集計は自立語（単独で文節を構成することができる単語：名詞・動詞・形容詞・接続詞など）だけを対象にしており、付属語である助詞・助動詞や、地名・人名は含まれていません。

第4章

語種

61

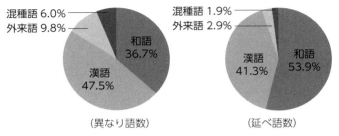

図1 「現代雑誌九十種の用語用字」における雑誌用語の語種別分布

　異なり語数では漢語が47.5％、和語が36.7％となっていて、漢語が和語を約10％も上回っていることから、漢語が和語以上によく使われていることがわかります。しかし、延べ語数では和語が53.9％と半数を超え、漢語との比率が逆転します。これは、和語は種類に関していえば漢語より少なくても、基本的でよく使用されるものが多くを占めていることを意味しています。外来語も延べ語数になると比率が小さくなります。

　国立国語研究所は、1993年にも「現代雑誌200万字言語調査」を企画・実施し、2006年に調査結果として語彙表を公開しました。これは1994年発行の月刊誌70誌を対象とした調査です。図2は、公開された語彙表「現代雑誌200万字言語調査語彙表　公開版（ver.1.0）」の数値を基に雑誌用語の語種別分布を示したものです。

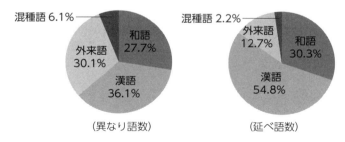

図2 「現代雑誌200万字言語調査」における雑誌用語の語種別分布

　この円グラフをみると、「現代雑誌九十種」の結果と比べて、異なり語数は、漢語が47.5％⇒36.1％、また和語が36.7％⇒27.7％と、和語、漢語共に減っているのに対して、外来語が9.8％⇒30.1％と急激に増えていることがわかります。一

方、延べ語数は，漢語は41.3％⇒54.8％と増え，外来語も2.9％⇒12.7％と増えていますが、和語は53.9％⇒30.3％と、20％以上も減少しています。このことから、1956年発行の雑誌と1994年の雑誌との間で、外来語の比率が総数、種類共に大きく増加していることがわかります。20世紀の半ばから後半にかけて、カタカナ語が増えたことの表れといえるでしょう。

　次の表1は、『現代雑誌九十種の用語用字』の使用率順語彙表を基に、使用率の高い語を順に語種別に示したものです（（　）内は全体の順位）。

	和語	漢語	外来語	混種語
1	する（1）	一（4）	センチ（101）	彼女（97）
2	いる（2）	二（8）	センチメートル（122）	対する（113）
3	いう（3）	様（12）	パーセント（243）	感ずる（260.5）
4	こと（5）	十（13）	スカート（444）	気持ち（276）
5	なる（6）	三（14）	ページ（522.5）	四百（285）
6	〔ら〕れる（7）	五（16）	ウエスト（527）	感じ（356.5）
7	ある（9）	二十（22）	トン（583.5）	場所（360.5）
8	その（10）	六（26）	ドル（598.5）	四千（466.5）
9	もの（11）	的（28）	ファン（612）	関する（537）
10	この（15）	年（30）	メートル（666.5）	決して（718）

表1　『現代雑誌九十種の用語用字』における高頻度語（語種別）

　表2は、「現代雑誌200万字言語調査語彙表 公開版（ver.1.0)」を基に、使用率の高い語を語種別に示したものです（（　）内は全体の順位）。

	和語	漢語	外来語	混種語
1	する（1）	一（3）	A（103）	四百（60）
2	居る（2）	二（4）	ビー（154）	四千（112）
3	言う（5）	十（6）	メートル（171）	感じる（173）
4	事（8）	三（7）	キロメートル（176）	対する（197）
5	なる〔成,為〕**（10）	五（9）	ミリメートル（182）	彼女（241）
6	有る（12）	四（11）	F（188）	気持ち（290）
7	れる・られる（14）	二十（13）	センチメートル（193）	感じ（291）
8	ない〔無,亡〕**（16）	六（15）	タイプ〔型〕**（214）	株式（341）
9	其の（22）	万（17）	S（242）	場所（415）
10	この（27）	八（18）	G（287）	かなり（434）

表2　「現代雑誌200万字言語調査」における高頻度語（語種別）
　　　（＊＊は〔　〕の意味であることを示す）

表１と表２、いずれの場合でも、和語と漢語が高い順位を占めていて、外来語と混種語の追随を許しません。書きことば（この場合は雑誌）では、和語と漢語が基本的な語彙として使用されているといえます。一方、表２における外来語は、表１と比べて順位の高い語が増えています。1957年から1994年の間に、外来語の使用が増えたことがわかります。

　図３は、やはり国立国語研究所による『日本人の知識階層における話しことばの実態』（1980年）の調査結果に基づき、話しことばにおける語種の割合をグラフに示したものです。

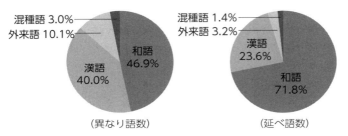

図３　『日本人の知識階層における話しことばの実態』における語種別分布

　書きことばに比べて、漢語に対する和語の使用率が、異なり語数でも延べ語数でも高いことがわかります。このグラフからはわかりませんが、この資料はさらに公的生活の場合、私的生活の場面、外出先の場面に分けて分析されています。それによると公的生活から私的生活に場面が移るに従って、和語の使用率が増えるという結果が出ています。以上のことから、和語は少ない種類の語が繰り返し使用され、漢語は逆に使用される語の種類は多くても、それぞれ語の使用率は低いということがわかります。

　以下では、各語種の語形、品詞、語義、造語力、語感などについて見ていきましょう。

18 和語

　和語の定義は、先にも述べたとおり、本来は日本語に固有の語です。しかしながら、古い時代に古代中国から入った「うま（馬）」「うめ（梅）」「やなぎ（柳）」や、朝鮮語から入ったとされる「てら（寺）」「かさ（笠）」「しま（島）」や、その他アイヌ語から入った語なども、和語に含めて考えます。なぜなら、これらの語が借用語であるという確かな証拠がなく、また現在借用語としての意識もないためです。和語は日常生活で最も広い範囲にわたって繰り返し使用される語で、「やまとことば」とも呼ばれます。

　語形は、古くは「け（毛）」「は（歯）」「て（手）」などの1拍の語や、「やま（山）」「かわ（川）」「あめ（雨）」などの2拍語など、短いものが多かったのですが、現在は他の語種と同じように「つきあう」「くわしい」「いきなり」「あおぞら」「はるさめ」など4拍のものも多くあります。助詞・助動詞は1拍や2拍、長くても3拍のものがほとんどです。

　和語の語形で注意すべきことは、複合語になったときに音が変わる「変音現象」が見られる点です。「あお」と「そら」が複合して「あおぞら」となる「連濁」や、「はる」と「あめ」が複合して「はるさめ」となる「転音」などが、変音現象の例です。

　　　　　連濁……例：山＋さくら→山ざくら
　　　　　　　　　　皮＋くつ→皮ぐつ
　　　　　　　　　　旅＋ひと→旅びと

　　　　　転音……例：さけ＋や→さかや
　　　　　　　　　　あめ＋みず→あまみず

この他、和語の語形に特徴的なことは、「あまり→あんまり」「とても→とって

も」「やはり→やっぱり」のように、撥音や促音などが加わって変形した語があること、内容語の語頭にラ行音を持つ語が極端に少ないことなどが挙げられます。

　品詞別にみると、和語は名詞・動詞・形容詞・副詞などすべての品詞に分布しています。特に動詞は、「研究する」などサ変漢語動詞「〜する」や、「愛す」「事故る」「力（りき）む」などの漢語由来の動詞、「サボる sabotage」「ダブる double」「トラブる trouble」「ググる google」「ディスる disrespect」「バズる buzz」などの外来語由来の動詞を除いて、すべて和語です。助詞もすべて和語だといえるでしょう。

　名詞について言うと、日本語には植物、魚、鳥、虫など自然に関する語彙が豊富だといわれます。中でも雨の種類を表す語が多いことは有名で、「こぬか雨」「天気雨」「春雨」「五月雨」「梅雨」「時雨」「夕立」「狐の嫁入り」などがあります。これらの上位語の「雨」は和語ですが、「雨」「雲」「風」などの上位語は「自然」であり、これは漢語です。つまり、和語の語彙は、目や耳で捉えられるはっきりした形・形態をそなえているもの（具象物）に対しては豊富だといえます。聞こえる音を写し取ったり、物事の様子を音で表現したりする「オノマトペ」が日本語に多いのも、このことに起因しているといえるでしょう。日本の独特な美意識を表す「わび」「さび」「いき」などの語も、もちろん和語です。一方、抽象的な概念を表す語彙は乏しいといえます。「こと」「もの」「とき」「まこと」など抽象的な意味を持つ和語もありますが、全体としては少数です。

　動詞のほとんどが和語であることはすでに述べましたが、和語の名詞の特徴とは逆に、和語の動詞は抽象的な概念を表します。例えば、「入る」は、「病院」「学校」「同好会」「国」「刑務所」「会社」「政党」のどこでも「入る」で言えます。ところが、これらをサ変漢語動詞で表現すると、以下のようにそれぞれ異なり、分析的になってしまいます。

　　　　　　　入院・入学・入会・入国・入所・入社・入党＋する

　また、和語は、派生語（新しい→新しさ、水→お水、など）を造ったり、複合語（町おこし、子育て、物づくり、など）を造ったりします。金田一（1988）によると、日本国家の古い名称は、トヨアシハラノイチイホアキノナガイホアキノ

ミヅホノクニというそうですが、和語でいろいろな概念を含めた複合語を造ろうとすると、上の例のように〈名詞＋ノ＋名詞＋ノ〜〉となり、語形が長くなってしまいます。一方、漢語による複合語は、「湖沼水質保全特別措置法」のように、漢語同士をそのまま連結させて造ります。

19 漢語

　漢語は字音語と言われるように、漢字で書かれ、音読みで読まれる語をいいます。「天地」「降雨」など中国から入って来た語ばかりでなく、それをまねて日本で造られた和製漢語も含まれます。和製漢語には、次の(1)〜(3)のようなものがあります。

(1) 和語の漢字表記を音読みしてできたもの
　　例：火の事→火事　大根（おおね）→大根（ダイコン）　出張る→出張
(2) 漢語をまねて音読みの形でできたもの
　　例：勘定　　案内　　理不尽
(3) 西欧語の訳語として日本で漢字を組み合わせて造ったもの
　　例：哲学　　社会　　恋愛

　(3)は翻訳漢語と呼ばれることがあります。この中には中国から借用した「代数」や、古い漢語をよみがえらせた「観念」「演繹」などもあり、その内容はさまざまです。一方、近代中国語から入った「麻雀（マージャン）」「老酒（ラオチュウ）」「拉麺（ラーメン）」などは漢語に含めず、外来語とします。
　語形は、和語も外来語も４拍語が最も多く、漢語も「大学」「国際」「洗剤」などの４拍のものが半数以上を占めています。これは「学（ガク）」「国（コク）」な

67

ど漢字の音の多くが2拍であるために、漢字2字からなる熟語は2×2の4拍になるためです。

　「経」という漢字は「お経」「経文」のように「きょう」と読んだり、「経歴」のように「けい」と読んだりします。これは漢字が入った時期によって、読みが異なるためです。「経（きょう）」は呉音と呼ばれ、最も古い時代に日本に入った漢字音です。仏教の経典類は呉音で読まれたため、仏教に関する語彙に多く見られます。「経（けい）」は呉音より遅れて日本に入った唐時代の中国北方の音で、漢音と呼ばれます。これは遣唐使などによって持ち込まれました。日本では正格のものとされたため、字音の中で最もよく用いられています。唐音（宋音）は、「看経（かんきん）」の「経（きん）」などで、禅宗や貿易を通して伝えられた中国南方の音ですが、これは「行脚（あんぎゃ）」「炭団（たどん）」「普請（ふしん）」など限られた語に残っているだけです。中には「漢音＋呉音」の形の「文学（ぶん：漢音＋がく：呉音）」や、「呉音＋漢音」の形の「無人」（む：呉音＋じん：漢音）などがあり、これらも漢語ですが、混種語とする考え方もあります。

　現代語の漢字音の音韻構成が比較的単純なために、漢語には同音異義語が生じやすくなります。『現代国語例解辞典　第五版』の「きこう」の見出し語には以下の19語が載っています。

　　気孔　気功　気候　奇功　奇行　奇効　季候　紀行　帰校　帰航　帰港
　　起工　起稿　寄港　寄稿　稀覯　貴公　機甲　機構

　品詞に関していえば、漢語は名詞が全体の90％以上を占める一方、形容詞は10％にも達しません。「便利」「有名」「稚拙」などは形容動詞ですが、玉村（1984）によると、『岩波国語辞典』では全形容動詞の3分の2が漢語だとしています。この他、数は多くありませんが「大変」「偶然」「多少」「到底」などの副詞や「全日本」「反政府」「民主的」「保守化」「協調性」のような接頭辞・接尾辞も、漢語の例です。

　和語のところでも述べましたが、「入る」という和語は「病院」でも「図書館」でも「国」でも「政党」でも、「〜に入る」ですみますが、漢語で表現しようとすると「病院」は「入院」、「図書館」は「入館」、「国」は「入国」、「政党」は「入党」と、対象の違いによって細かく言い分けます。乗り物に乗る場合も、乗り物

によって「乗車」「乗船」「搭乗」と言い分けます。これらは漢語の分析的な性質の表れです。

　漢語は造語力が強いのですが、これは拍数が少なく簡潔であること、また、漢語同士をそのまま連結すれば複合語ができることなどが理由です。「中小企業事業活動活性化法案」「中央省庁等改革推進本部顧問会議」など長い語が形成されやすく、先に挙げた接頭辞・接尾辞も、漢語による造語力の強さに一役買っています。

　一般的にいって、同じ意味分野の和語と比べた場合、漢語は文章語的、和語は口語的であるといえます。次の例を見てください。

書簡 − 手紙　　　　道路 − 道　　　　船舶 − 船
教育 − 教える　　　建築 − 建てる　　理解 − わかる

　文体的にいえば、和語は日常語的、漢語は専門語的です。このため、漢語はかたく改まった語であるという印象を受けます。実際、学術用語、官庁用語などの専門語には、最近では外来語も増えてきていますが、やはり漢語が非常に多いといえます。

　なお、鈴木（1990）は、日本語の学術用語のような主として学者や専門家が用いる難しいことばである高級語彙が英語の高級語彙と比べて理解しやすいのは、外来の要素である漢字の音とその漢字の訓である固有の基本語が表と裏の関係で結び付いているためであるとしています。例えば、頭に水がたまる病気を医学用語で「すいとうしょう」といいますが、これは漢字で書くと「水頭症」となります。「水頭」は基本語彙である「みず」と「あたま」の漢字「水」「頭」を音読みしたものにすぎません。日本語を母語とする者は、「水頭症」という漢字を見ると、なんとなくその病気がどんな病気であるか想像できます。日本語の高級語彙は、このようにその造語要素がほとんど日常的な漢字でできているために、初めて聞く語で音だけ聞いてわからなかったとしても、漢字表記を見ればおおよその見当がつくとしています。

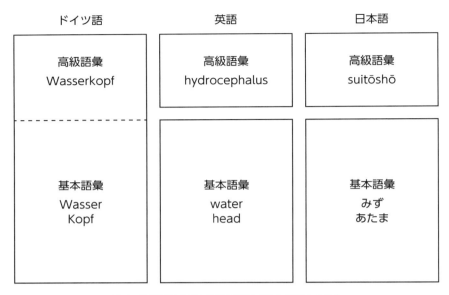

図4　高級語彙と基本語彙の関係（鈴木 1990 より）

20 外来語

　借用語の中でも特に語形や意味が日本語化した西欧語系のものを「外来語」といいます（「洋語」ともいいます）。外来語の中には、日本で造られた「ガードマン」「ジェットコースター」「ベビーカー」などの「和製英語」や、原語とは異なる意味や表現で用いられる「ポスト（英語では郵便、郵便物の意味で、日本では郵便ポストの意味）」、「アラカルト（フランス語では「メニューによって」の意味で、日本では一品料理の意味）」なども外来語とします。

現代日本語における外来語の80％以上は英語からの借用語です。歴史的に見ると、外来語はまず16世紀にポルトガルの宣教師によって持ち込まれたポルトガル語・スペイン語に始まります。「アジア」「オランダ」という地名や「パン」「テンプラ」「カルタ」などが当たります。ポルトガル語・スペイン語を通して、「カボチャ（Cambodiaから）」「サラサ（saraça　ジャワ語起源か）」「タバコ（tabako　西インド諸島のハイチ語起源か）」なども入ってきました。17世紀に入ると、鎖国政策の影響でオランダ語が外来語の中心となりました。例として、「アルコール」「ガラス」「ゴム」「ビール」などがあります。19世紀初頭から幕末期にかけて、英語、フランス語から外来語が流入し始め、さらに明治以降はドイツ語、イタリア語、ロシア語などからも入るようになりました。

- ・フランス語由来の外来語…カフェオレ、クレヨン、マヨネーズ、ユニーク、アンケート、クーポン、コンクール
- ・ドイツ語由来の外来語…カルテ、アレルギー、カプセル、アルバイト、テーマ、カテゴリー、ゼミナール
- ・イタリア語由来の外来語…オペラ、ソロ、テノール、マドンナ
- ・ロシア語由来の外来語…トロイカ、ペチカ、ツンドラ、ノルマ

　近年、外来語の乱用がよく問題になります。第17節でも述べたように、確かに外来語は異なり語数でみると9.8％⇒30.1％と急激に増えており、延べ語数でも2.9％⇒12.7％と増えています。これは、科学技術の進歩やグローバル化が大きく影響しているためだと考えられます。

　文部科学省も、2000（平成12）年の報告『国際社会に対応する日本語の在り方』の中で、外来語・外国語増加の問題として、次の5点を挙げています。

- a.日本語によるコミュニケーションを阻害し、社会的な情報の共有を妨げるおそれがある。
- b.世代間コミュニケーションの障害となる。
- c.日本語の表現をあいまいにする。
- d.外国人の日本語理解の障害となる。
- e.日本人の外国語習得の障害となる。

第4章　語種

そして、外来語・外国語の意義は認めつつも、その急速な増加および一般の社会生活における過度の使用は、社会的なコミュニケーションを阻害し、ひいては日本語が有する伝達機能そのものを弱め、日本語の価値を損なう危険性をも有しているとしています。さらに官公庁や報道機関などにおける外来語・外国語の取り扱いに際しては、個々の語の周知度や難度などによって、(1)そのまま使用する、(2)言い換える、(3)必要に応じて注釈を付す、という区分を設けることを提案しています。さらに(1)～(3)に属する語のうち、ローマ字を頭文字に使った略語については、少なくとも初めて出現する時には、次のように日本語訳を付すこととしています。

　ASEAN（東南アジア諸国連合）
　NPO（民間非営利組織）
　WTO（世界貿易機関）

　金 (2011) は、20世紀後半の新聞では、具体的な意味を持つ名詞の他に、抽象的な意味を持つ外来語も増加し、その多くは和語・漢語の同義語・類義語があるにもかかわらず基本語化していると述べています。例として、「トラブル」「ケース」や「シーズン」「アレルギー」「ブーム」「ポイント」などを挙げています。
　外来語はカタカナで書かれるため、文章の中で目立つことや、絶えず新しい外来語が出てきて、目につくことなどから、その使用率が実際よりも高く見えるということも考えられるでしょう。
　語形に関していえば、外来語も「スポーツ」「ストレス」など4拍語が最も多いのですが、「ページ」「コート」など3拍語もかなりあります。また、漢語・和語と比較して、例えば「ターミナル」「デッドボール」「インフォームドコンセント」「アイデンティティー」など長い拍数の語の比率が高いのも特徴です。
　外来語は原語の発音が日本語化し、日本語の音韻に置き換えられます。その際の顕著な現象として、例えば、英語の1音節語 strike［stráik］が、日本語になるとストライク［sutoraiku］と5拍語になることなどが挙げられます。つまり、原語の子音が音節化することによって外来語の拍数が長くなるわけです。外来語が長くなると、インフレーション→インフレ、アルバイト→バイト、エアーコンディショナー→エアコンのように省略語も増えることになります。また次のよう

に、複数を表す"‐s"の発音の省略や、"the"などの冠詞の省略など、文法的要素が省略されることがあります。

　　sunglasses→サングラス　on the air→オン・エア
　　smoked salmon→スモークサーモン　など

　また、日本語は母音や子音の数が少ないため、外来語の発音は原語の発音よりも単純なものになる傾向があります。例えば、rightとlightはどちらも「ライト」になり、busもbathも「バス」になります。このように、日本語にもともとある音に置き換えるものもありますが、〔v〕の音を「ヴ」という表記にして原語音をそのまま用いるものや、〔tsi〕の音の「ツィ」のように在来音のタ行子音に母音〔i〕を結び付けたものなどもあります。イタリアの都市Veneziaは「ヴェネチア」「ヴェネツィア」「ベネチア」「ベネツィア」の4通りの書き方ができることになります。

　アクセントについても、例えば英語は強弱アクセントですが、外来語は日本語化して高低アクセントとなります。

　外来語はその大多数が名詞ですが、形容詞もわずかながらあります。これは「ホットな」「フレッシュな」などの形容動詞がほとんどです。この他、「アンチ巨人」「スーパー小学生」「フル装備」「マルチタレント」などの接頭辞や、「脂ギッシュ」「ペーパーレス」「メンズライク」のような接尾辞にも外来語が見られます。

　外来語は『分類語彙表』（第11章参照）の意味分野では「生産物および用具」に多くあり、その中でも「衣服」「機械」に関する語の使用率が高いとされています。

　外来語は一般的に洋風で近代的かつ洗練されたイメージを伴いがちです。例えば、「宿屋―旅館―ホテル」で比べると、「ホテル」が一番洋風で近代的な感じがします。また、「取り消し―解約―キャンセル」などでも、「取り消し」は約束などがなかったことにしたりするのに対し、「解約」は保険契約などかなり改まったものを取り消す場合に使い、「キャンセル」はホテルや飛行機の搭乗などを取り消す場合に使われます。視点を変えて見れば、「宿屋」や「取り消し」が広く一般的なのに対して、「ホテル」や「キャンセル」は限定されたものであるということができます。また、「便所―トイレ」「借金―ローン」「支える―支援

する―サポートする」「抱きしめる―抱擁する―ハグする」「調べる―調査する―リサーチする」などから、外来語はより婉曲的（えんきょく）な表現として使われる場合もあるといえます。

　意味の上で問題になるのは、次の２点です。一つは「コンピューター―電子計算機」「ニーズ―必要性」「メリット―利点」「リスク―危険性」「ビッグ―大きい」「ドライバー―運転士」のように、外来語とそれを翻訳した語が存在する点です。外来語と翻訳語のどちらを用いても、意味的にほとんど差のない「キー―鍵」「ソックス―靴下」のようなペアもありますが、「ドライバー―運転士」になると、そのニュアンスがだいぶ違ってきます。「タクシーのドライバー」とはいいますが、「新幹線のドライバー」とは言えないように、どのように使い分けるかという類義語の問題が生じることがあります。

　もう一つは外来語と原語の意味との間にずれがある場合です。例えば、「マンション」と「コンプレックス」はそれぞれ①が原語の意味ですが、外来語になると新たに②の意味が加わります。

　　　マンション：①大邸宅。
　　　　　　　　　②中・高層の集合住宅。比較的規模の大きいものをいう。
　　　コンプレックス：①精神分析の用語。強い感情やこだわりをもつ内容で、ふ
　　　　　　　　　　　だんは意識下に抑圧されているもの。
　　　　　　　　　　②自分が他より劣っているという感情。劣等感。

　そして、外来語で使われる場合は、どちらも主に②の意味で用いられます。そのため、日本人が「都心のマンションに住んでいる」というので、英語母語話者が期待してそのマンションを訪ねると、あまりに小さいのでびっくりするというようなことがよくあります。このようなずれは、特に原語（上の場合は英語）を母語とする学習者には難しい問題です。

　この他、同一あるいは同源の語でありながら、語形も意味も分かれて別語になったものがあります。これを「二重語（doublet）」といいます。例を挙げれば、英語の「strike」があります。この語は野球用語の「ストライク」と、同盟罷業の意味の「ストライキ」に分かれて、別々の語として入ってきました。また、もともと同源の語ですが、「カルタ（carta）」はポルトガル語から入って遊び道具

74

となり、「カルテ（karte）」はドイツ語から入って医師の診察記録カードになり、「カード（card）」は英語から入って小さな紙や札、キャッシュカードやクレジットカードの意味として使われています。

21 混種語

混種語は合成語の一種で、語種の異なる語や、また、語種の異なる接頭辞・接尾辞が結合してできた語です。P.62の図1、2の語種別分布における混種語の割合は大きくありませんが、次の例のように実際には多くの分野で使われており、複雑化する社会でその数はますます増加するものと考えられます。

　　歩きスマホ、ごみ焼却場、一人っ子政策、振り込め詐欺、遺伝子組み替え
　　食品表示

混種語が生まれる理由としては、経済性と必要性が挙げられるでしょう。例えば、「歩きスマホ」は「歩き」と「スマホ」からなる複合語ですが、「歩きながらスマホを使うこと」を1語に省略している点で、言語表現として経済的です。また、駅のホームから転落したり、人とぶつかったりするなどの危険性を防止するために、「歩きスマホ」という語を標語として目立たせることが必要だったのではないでしょうか。「振り込め詐欺」にも、同じことが言えるでしょう。

さて、混種語は大きく次の3種類に分けることができます。混種語の長さは当然のことながら、単独の和語・漢語・外来語よりも長くなります。

（1）和語と漢語の組み合わせ
　　水商売　お好み食堂　腕自慢　真正面　粗大ごみ　労働組合　勉強する

(2) 漢語と外来語の組み合わせ

温水プール　電子マネー　防犯ブザー　デジタル放送　アルカリ性
IT産業　ヒット曲　クローン技術　オフィス街　アンチ主流派

(3) 外来語と和語の組み合わせ

ポリ袋　ランク付け　チェックする　生クリーム　めがねケース
窓ガラス

　なお、原語の異なる外来語を結合した「フルーツパフェ」(英語＋フランス語)や「クリームパン」(英語＋ポルトガル語)を混種語とする考え方もあります。また、「台所」「献立」のように上の字を音読み、下の字を訓読みで読む「重箱読み」の語や、逆に「手本」「場所」のように上の字を訓読みで下の字を音読みで読む「湯桶読み」をする語を混種語とする考え方もあります。

　混種語の品詞は名詞が多くの割合を占めますが、「旅行する」「チェックする」のように漢語・外来語に和語「する」がついて動詞となるものもあります。同様に「高級な」「エレガントな」のように漢語・外来語に「〜な」がついて形容動詞に、「クールに」「堂々と」のように「〜に」「〜と」がついて副詞的に使われるものもあります。

タスク

問題1　【　】内に示した観点から見て、他と性質が最も異なるものをそれぞれ1〜5のうちから一つずつ選びなさい。

(1)【外来語の出自】
　　　1. パン　2. パイ　3. チョコレート　4. キャンディー　5. ケーキ
(2)【二通りの読み方のある漢語】
　　　1. 人間　2. 礼拝　3. 仏語　4. 市場　5. 工夫
(3)【語種】
　　　1. 水玉模様　2. 労働組合　3. 約束手形　4. 大雪警報　5. 語彙調査
(4)【漢語】
　　　1. 将棋　2. 囲碁　3. 麻雀　4. 競馬　5. 射的
(5)【和語】
　　　1. 葉　2. 絵　3. 木　4. 日　5. 湯

問題2　次の文章を読んで、後の問い**1**、**2**に答えなさい。

　「現代雑誌九十種」の調査で上位に現れた語彙を意味分野に分け、語種別分布をみると、自然物や自然現象には（　ア　）が多く、人間活動の主体や人間活動−精神および行為−を表す語彙には「夫婦」や「感覚」など（　イ　）が多い。また、（　ウ　）は生産物や用具を表す語彙が多くを占める。さらに意味分野を細かく分けて見ていくと、（　ア　）は（　1　）が、（　イ　）には（　2　）が、（　ウ　）には（　3　）が占める比率が高い。なお、動詞についていえば、大部分が（　ア　）で、「愛する」「研究する」などの（　エ　）が少しあるに過ぎない。

1　空欄ア〜エに適当な語を入れなさい。

2 空欄1～3に、下のa～cの中から適当なものを選んで入れなさい。

a. 機関　　b. 身体語彙　　c. 衣服

解答

問題1 (1) 1　　(2) 4　　(3) 5　　(4) 3　　(5) 2

問題2 **1** ア：和語　　イ：漢語　　ウ：外来語　　エ：混種語

2 1：b　　2：a　　3：c

解説

問題1

(1)「パン」のみはポルトガル語から入った外来語。2、3、4、5は英語から入った外来語。

(2)「市場」は音読みの「シジョウ」と訓読みの「いちば」がある。残りは3「仏語」のように「ブツゴ」は呉音と漢音、「フツゴ」は漢音と漢音のようにいずれにしろ音読みである。

(3)「語彙調査」は「語彙」「調査」共に漢語で混種語ではない。残りは和語＋漢語からなる混種語。

(4)「麻雀」のみは近代中国語から入ったので外来語。

(5)「絵」は「カイ」が漢音で「エ」は呉音。したがって漢語である。

問題2　例えば、「自然物や自然現象」の具体的な語を考えると「海」「山」「空」「雨」「風」「雷」など和語が多い。また、人間活動の主体や人間活動－精神および行為には「わたし」「ひと」など和語も多いが、「夫婦」「家族」「国民」「政治家」や「感覚」「想像」「労働」「生活」など漢語が多い。生産物や用具には和語や漢語ももちろん多いが、「プラスチック」「カーテン」「テーブル」など外来語も目立つ。特に、衣服などの衣料品には「シャツ」「ネクタイ」「スーツ」など外来語の比率が高い。〈身体語彙〉は「手」「足」「頭」「目」など和語が、〈機関〉を表す語彙には「政府」「警察」などの漢語が多い。

実 践 タ ス ク

1. 日本語学習者が「私の一日」というテーマで次の作文を書いたのですが、硬
 さを感じます。テーマと文の硬さが合うように直すとしたら、どのように直し
 ますか。

　　私は毎朝六時五十分ごろ起床します。洗顔して、朝食を食べます。私は毎朝
 自分で朝食を作ります。朝八時から授業が開始します。だんだん難しくなって
 いますから、もっと努力しなければなりません。昼食はいつも友だちと一緒に
 食べます。私は寮に住んでいますから、昼食をしてから寮で休憩します。約一
 時半に午後の授業も開始します。五時ごろ授業が終わります。授業のあと、ア
 ルバイトをします。九時ごろバイトが終って、寮に帰宅します。そしてシャ
 ワーを浴びて宿題をします。一時ごろ就寝します。

2. 次の外来語をわかりやすく言い換える案を考えてみましょう。

　インフォームドコンセント　　コミット　　デフォルト　　ハザードマップ

　　その後、国立国語研究所による「「外来語」言い換え提案第1回〜第4回
 総集編 冊子版」をインターネットで検索し、上記4語の「言い換え語」を確
 認して、自分の案と比較してみましょう。

「「外来語」言い換え提案　第1回〜第4回　総集編
 —分かりにくい外来語を分かりやすくするための言葉遣いの工夫—」
http://www2.ninjal.ac.jp/gairaigo/Teian1_4/

第 **5** 章

語構成

□ 語の構造と語の造られ方を考えましょう
□ 複合語・畳語・派生語の型や意味を理解しましょう

金田一(1988)に、日本文学の翻訳家として有名なE.G.サイデンステッカーの話が載っています。サイデンステッカーは川端康成の『伊豆の踊子』を読むと、はじめの方だけでも大きな国語辞典にも見出し語として載っていない「旅馴れた」「風呂敷包み」「四十女」「退屈凌ぎ」「菊畑」「六十近い」「花見時分」という言葉が次々に出てくるといっています。日本語を母語とする者には難しいとは思われませんが、日本語学習者にはこのようないくつかの単語が組み合わさってできた単語はかなり難しいもののようです。語は、ある語がどのような構造をしていて全体でどのような意味になるのか、どんどん生まれてくる新しい語はどのように造られるのか、という面からも見ていくことができます。このような分野を「語構成論」といいます。

　語構成論には、ある語がどのような構造を持っているかという語構造的な側面と、語がどのようにして造られるかという造語的な側面があります。具体的にいえば、「火事」は「火(カ)」と「事(ジ)」という漢字音の要素からなっているというのが、語構造論的な見方です。一方、もともと「火事」は、「ひのこと」という和語が漢字表記になった結果、その漢字を音読みしてできた和製漢語ですが、それは造語論的な見方です。普通「語構成論」というと、前者の語構造論を指す場合が多いようです。ここでは語構造の問題を「語構成」として扱い、造語の問題は「造語法」として扱うことにします。この章では、語の構造とその意味、また、語の造られ方を考えていきましょう。

22 語の種類

　語には、「海」「本」「わたし」「起きる」「もし」「はい」などのように、それ以上小さい部分に分けられないものと、「本箱」（「本」と「箱」）、「飛び出す」（「飛び（ぶ）」と「出す」）、「不器用」（「不」と「器用」）のようにさらに小さい部分に分けられるものがあります。前者を「単純語」といい、後者を「合成語」といいます。合成語の中には、「男心」（「男」と「心」）のように二つ以上の語基からなる「複合語」と、「山やま」のように同一の語基が結合した「畳語」、さらに「男っぽい」（「男」と「っぽい」）のように語基と接辞（単独で用いられることがなく、常に語基について意味を強めたり、意味を添えたりする）からなる「派生語」があります。なお、語基は、語の意味上中心となる重要な部分で、単独で語として使うことができる形式ですが、「近道」「古本」の「近（ちか）」「古（ふる）」のように単独では使えないものも含みます。以上を整理すると、次のように分類することができます。

　　　　　　　┌ 単純語……男、心、わたし、書く、寒い、もし　など
　　語　　　┤
　　　　　　　│　　　　　┌ 複合語……本箱、男心、山登り、飛び出す　など
　　　　　　　└ 合成語 ┤ 畳語……人びと、泣き泣き、時どき　など
　　　　　　　　　　　　└ 派生語……お茶、不器用、男っぽい、高さ、大人ぶる　など

　なお、「形態素」という用語が使われることがあります。これは、意味のある最小の言語単位を指します。例えば、「男たち」は「男」と「たち」がそれぞれ形態素であり、「男」は「自由形態素」（単独で使用され得るもの）、「たち」は「拘束形態素」（単独では用いられず、自由形態素とともに使われるもの）といいます。

23 単純語

　単純語は、実質的な意味を表し、語の意味の中核的な部分を担う要素である語基一つからなる語です。単純語の中には歴史的にみれば、合成語である場合があります。例えば、「みち（道）」の「み」はもともと接頭辞で「御路」でしたし、「まぶた（瞼）」は「目の蓋」でした。「さかな（魚）」は「酒＋菜（「おかず」の意）」でしたが、酒を飲むときに添えて食べる物として「魚（うお）」を用いることが多かったところから、「うお」を「さかな」というようになったといいます。

　このように遡って分析することは可能な語でも、現代の言語意識では1語であるものは、単純語として扱います。また、外来語の場合、「クーデター」はフランス語で"coup d'État"で複合語ですし、「ドラマチック」は英語で"drama" + "-tic"からなる派生語です。これらは、原語では語構成上は合成語でも、現代の日本語では単純語と考えるのが適当です。同じような例は、「ノウハウ（know-how）」「レシーバー（receiver）」「レコーディング（recording）」など、多くあります。

24 合成語

　合成語は、二つ以上の語基からなる複合語と、同一語基が結合した畳語、語基と接辞からなる派生語に分けられます。また、「日本語教育学会」「アンチ体制派」「恩着せがましい」「機械化する」のように、複数の構成要素が結合した「高次結合語」があります。これらは次のように階層的な結合になっていますが、最終段

階の結合によって複合語か派生語かを判定します。

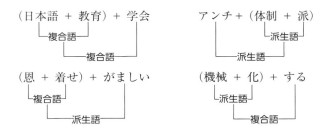

　なお、これまで見てきたように、「日本語教育学会」「機械化」のような三字以上の漢語の語構成は、和語や外来語の語構成と同様に考えられますが、二字漢語の取り扱いについては、漢字が表語文字であるだけに難しい面があります。例えば、「国際、交通、砂糖、事故、発達、普通」などの二字漢語は分解不可能なので、単純語とします。しかし、「天地」「男女」のように、それぞれ独立することができる構成要素の結びついたものや、「大木」「登山」「読書」のように中国語の語順に一致するものを単純語とするか、複合語、あるいは派生語とするかは、意見の分かれるところです。「天地」「男女」「読書」「登山」を複合語とし、「大木」を派生語とする考え（「大」を接頭辞とし、「木」の上について「大きい」という意味を添えている）もありますが、これらを単純語と考えることも可能でしょう。

25 複合語

　複合語の構成要素になるものには、どのような品詞性があるのでしょうか。まず、「右手」の「右」と「手」のような名詞があります。「缶切り」「昼寝」は、「缶」と「昼」が名詞で、「切り」「寝」が動詞です。「撃ち殺す」は、「撃ち」も「殺す」

も動詞です。「名高い」「細長い」「きれいごと」は、名詞＋形容詞、形容詞の語幹＋形容詞、形容動詞＋名詞となっています。「ちょっと見」「絶対安静」には、「ちょっと」「絶対」のような副詞が含まれます。このように構成要素を整理すると、名詞類、動詞類、形容詞・形容動詞類、副詞類の4種類になります。このほか、「ながら族」の「ながら」は接続助詞、「イエスマン」の「イエス」は感動詞ですが、このような品詞からなる複合語の例はあまり多くありません。

　複数の語基の結合によってできた語が複合語ですが、複合語全体が属する品詞によって分類すると次のようになります。（　）内は構成要素の品詞で、Nは名詞、Vは動詞、Aは形容詞（語幹）、NAは形容動詞（語幹）、ADは副詞です。

　　　複合名詞……手足、　もめ事、　種蒔き、　長話、　にわか雨、
　　　　　　　　　（N＋N）（V＋N）（N＋V）（A＋N）（NA＋N）

　　　　　　　　　立ち食い、　近道、　早起き、　にわかじこみ、
　　　　　　　　　（V＋V）　（A＋N）（A＋V）　（NA＋V）

　　　　　　　　　とんとん拍子、　よちよち歩き、　極太、　夜長
　　　　　　　　　（AD＋N）　　　（AD＋V）　（AD＋A）（N＋A）

　　　複合動詞……名付ける、　飛び上がる、　若返る、　ひりひりする
　　　　　　　　　（N＋V）　　（V＋V）　　（A＋V）　　（AD＋V）

　　　複合形容詞……奥深い、　蒸し暑い、　ずる賢い
　　　　　　　　　　（N＋A）　（V＋A）　　（A＋A）

　　　複合形容動詞……気楽、　声高、　気弱
　　　　　　　　　　（N＋NA）(N＋A)　(N＋A)

　　　複合副詞……心もち
　　　　　　　　　（N＋V）

　複合語の品詞は、大部分は最後の構成要素の品詞によって決まります。「手足」は「足」が名詞なので、複合名詞となります。また「種蒔き」の「蒔き」は動詞「蒔く」の連用形名詞（居体言ともいう）なので、同じく複合名詞となります。

　このように、最後の構成要素が名詞である場合は、おおむね複合名詞です。「夜長」の「長」のように、形容詞の語幹の場合も多くは複合名詞となります。ただし、「声高」「気弱」は「声高な男」「気弱な人」のように形容動詞として働くので複合形容動詞ということになります。

86

複合語は、その語数からいっても、構成パターンの種類の多さからいっても、複合名詞と複合動詞が代表的です。そこで以下では、複合名詞と複合動詞の構造を見ていきます。

26 複合名詞

先に挙げたように複合名詞は多様な構成パターンを持ちますが、その中でも「手足」のような〈N + N〉型、「種蒔き」のような〈N + V〉型、「立ち食い」のような〈V + V〉型、「もめ事」のような〈V + N〉型、それに「近道」のような〈A + N〉型の五つのパターンに、豊富な語例があります。以下では、この五つの型の構造を見ていくことにします。

ここでは、玉村 (1985) を参考に、前要素 A と後要素 B の関係を整理してみましょう。

N+N型

複合名詞の大多数がこの型に属します。

1 統語的な関係にあるもの

①前要素Aが後要素Bの一部である場合

例：父親、雄鶏、かざり物、象形文字

②AとBの指す範囲が異なる場合

例：うずら豆、歌姫、鬼瓦、蝦夷松、花吹雪、舌鼓

これらは、AかBのどちらかがたとえる物、たとえられる物の関係にあるものが多くあります。例えば、「うずら豆」は「うずらの卵のような豆」という意味

であり、「花吹雪」は「花びらが風に吹かれて吹雪のように散る」ことをいいます。

　③AがBの主体である場合：AガBスルコト

　　例：学級崩壊、学力低下、企業合併

　④AがBの対象である場合：AヲBスルコト

　　例：大学受験、教育改革、環境破壊

　⑤AがBをするための道具・手段である場合：AデBスルコト

　　例：電話連絡、ネット販売、電子取引

　⑥AがBの材料である場合：AデデキテイルB

　　例：竹笛、紙袋、金づち

　⑦AがBの原因・理由である場合：Aガ原因デBスルコト

　　例：寿退社、卒業旅行、開店セール、事故死

　⑧AがBの場所を表している場合：Aニアル（イル）B

　　例：山道、海蛇、裏門

　⑨AがBの時間を表している場合：Aノ時期ニ〜スルB

　　例：春風、朝ごはん、新年会

　⑩BがAの性質を持つ場合：Aノ性質ヲモツB

　　例：親心、猿芝居、闇取引

2　並列的な関係にあるもの

前要素Aと後要素Bが対等の資格で並列構造をなしているもの。

　①AとBが類義成分のもの

　　例：雨風、手足、草木、田畑、岩石、衣服、金銀

　②AとBが対義成分のもの

　　例：海山、左右、親子、朝夕、天地、表裏、男女

▌N＋V型

　前要素Aの名詞に後要素Bの動詞の連用形名詞がついた型で、この型の語例も豊富にあります。

1　格関係による分類

①AがBの「主格」である場合：「Aガ」Bスル

例：雨上がり、雪どけ、日暮れ、白髪まじり

②AがBの「対象格」である場合：「Aヲ」Bスル

例：月見、種蒔き、金持ち、卵焼き

③Aが通過点などの「移動場所」を表す場合：「Aヲ」Bスル

例：家出、綱渡り、川下り、島めぐり

④AがBの「道具や材料」を表す場合：「Aデ」Bスル

例：炭火焼き、水あそび、手書き、味噌漬け

⑤AがBの「帰着点」を表す場合：「Aニ」Bスル

例：里帰り、サンフランシスコ行き、伊勢参り

⑥AがBの「行われる（た）場所」を表す場合：「Aデ／ニ」Bスル

例：島育ち、磯釣り、襟巻き

⑦AがBをする「起点」を表す場合：「Aカラ」Bスル

例：アメリカ帰り、子離れ、湯上り

この他にもいくつかの格関係を考えることができます。しかし、「うぐいす張り」「雨宿り」などは、動詞が名詞を直接に受ける関係でないため、特定の格関係が考えにくくなります。例えば、「うぐいす張り」は「踏むと、床板をとめたかすがいが軋んで、ウグイスがなくような音を発する床張り」で、「雨宿り」は「軒下や木陰などで、一時雨を避けること」です。ともに、語句の補足が必要となります。

2　意味を中心にした分類

次に、複合名詞 N + V 型を意味から分類してみます。

①行為名詞になるもの

例：麦踏み、草取り、山焼き、墓参り、魚釣り、染み落とし、嫁いびり

②行為者名詞になるもの

例：羊飼い、船乗り、猛獣使い、絵かき、月給取り、物売り

③器具や機械を表すもの

例：ねずみ取り、ひげそり、耳かき、釘抜き

④時期を表すもの

　　例：夜明け、日暮れ、昼下がり

⑤場所を表すもの

　　例：海沿い、車寄せ、村はずれ

⑥状態を表すもの

　　例：二日酔い、底抜け、つむじ曲がり

V＋V型

　複合動詞の全体が名詞化したものと、複合名詞だけあり動詞にはならないものの２種類があります。

①複合動詞が名詞化したもの

　　例：飲みすぎ←飲みすぎる、申し込み←申し込む

　　　　受け付け、釣り合い、割り引き

②複合名詞だけで動詞が同時に存在しないもの

　　例：飲み食い←×飲み食う、病み上がり←×病み上がる

　　　　建て売り、立ち読み

V＋N型

　動詞の連用形に名詞がついて複合名詞になった型で、Ｖスル N、Ｖシタ N、Ｖスルタメノ N などの意味となります。この型の語例も豊富にあります。

①Ｖスル N の意味となるもの

　　例：着物（着るもの）、食べ物、帰り道、頼みごと

②Ｖシタ N の意味となるもの

　　例：落ち葉（落ちた葉）、残り物、焼き芋、はげ山、

③Ｖスルタメノ N の意味となるもの

　　例：釣り糸（魚を釣るための糸）、すり鉢、せり市

A+N 型

もともと形容詞に名詞のついた複合名詞で、意味的には、修飾語と被修飾語の関係になるため、その語例は豊富にあります。

①和語の形容詞の語幹に名詞のついたもの
　　例：近道、長雨、くやし涙、強気、広場、大声
②漢語のもの
　　例：冷水、美人、賢者、短命、難問

27 複合動詞

複合動詞には、「名付ける」のような「N ＋ V」型、「飛び上がる」のような「V ＋ V」型、「若返る」のような「A ＋ V」型、「ひりひりする」のような「AD ＋ V」型の四つの構造パターンがあります。

N+V 型

前要素 A の名詞に、後要素 B の動詞がついた型です。以下では、格関係により分類します。

①AがBの主格である場合：「Aガ」Bスル
　　例：目覚める←目が覚める
　　　　気付く、泡立つ、手慣れる
②AがBの対象である場合：「Aヲ」Bスル

91

例：名付ける←名をつける

　　　夢見る、気づかう、手控える
　③AがBの道具や材料を表す場合：「Aデ」Bスル
　　例：くしけずる、手まねく

　この他に、「耳慣れる」「冬ごもる」などがあります。また、「研究する」「運転する」「掃除する」など動作名詞にサ行変格活用動詞「する」がついたものや、「汗する」「涙する」「お茶する」などのように名詞にサ行変格活用動詞「する」がついたものもあります。

▍V1＋V2型

　この型が複合動詞の中で最も多く、一般にV1がV2の連用修飾語となっています。例えば、「撃ち落とす」は「撃って落とす」という意味であり、「泣き暮らす」は「泣きながら暮らす」、「踏み抜く」は「強く踏むことによって物に穴をあける」という意味です。
　なお、この形の複合動詞の中にはV1とV2が連用修飾の関係にない次の①〜④などがあります。

　①接頭辞化しているもの
　　前要素が後要素を強めたり、語調を整えたりするだけで、実質的な意味がなくなっている。
　　　例：取り扱う、差し引き、立ち去る
　②接尾辞化しているもの
　　後要素の本来の意味が失われている。
　　　例：眠り込む（「込む」は本来「すっかり〜する」の意味）
　　　　　怒鳴りつける（「つける」は本来「荒々しく〜する」の意味）
　③全体が一語化していて分解できないもの
　　　例：落ち着く、張り切る
　④前要素と後要素が並列の関係にあるもの
　　　類義成分の並列　例：嘆き悲しむ、恐れおののく、奪い取る

A+V型

形容詞の語幹に動詞がついた複合動詞ですが、語例はあまり多くありません。
例：若返る、近付く、遠ざける、長引く

AD+V型

この型の複合動詞は「うろうろする」「がたがたする」のように、オノマトペにサ変動詞「する」のついたものがあります。
例：くらくらする、もたもたする、ぴくぴくする

28 畳語

「人びと」「山やま」のように同一の語基が結合したものを「畳語」といいます。「しくしく」「ざあざあ」の「しく」「ざあ」ように語根を重ねたものは、ここでは畳語に含めませんが、広義には含める場合もあります。畳語の構造は次のように分類することができます。

①名詞が重なって名詞となるもの
　例：人びと、山やま、品じな

門の前に人が二人いるとき、「門の前に人びとがいる」とは言いません。「人びと」は英語でいうような単なる複数を表しているのではなく、多数性を表しています。また、虫や馬がたくさんいても、「虫むし」「馬うま」とは言いません。このような畳語形式を持つものは、「山やま」のような地理、地形に関する名詞や人、時間などに関するものなど、極端に限られています。

②時の名詞が重なって副詞となるもの

　　例：時どき、常づね、刻こく

③動詞の連用形が重なって副詞となるもの

　　例：泣き泣き、休み休み、のびのび、生き生き

　「泣き泣き」「休み休み」は、動作の継続、反復を示す「〜しながら」「〜しつつ」の意味で用いられます。「のびのび」「生き生き」は状態性の意味を強調する「いかにも〜するようすだ」の意味を表します。なお、動詞の畳語は連用形を重ねたものの方が多いのですが、終止形を重ねた「恐る恐る」「返すがえす」などもあります。「恐る恐る」は「恐れながら」の意味ですが、「返すがえす」は「何度も」の意味を表します。

④形容詞の語幹が重なって副詞となるもの

　　例：ひろびろ、たかだか、ちかぢか、うすうす

　ク活用形容詞（文語形容詞の活用の一つで、「高し」「近し」「薄し」などのように語尾が「○・く・し・き・けれ・○」と変化するもの）に多く、意味を強調していますが、シク活用形容詞（文語形容詞の一つで、「嬉し」「悲し」「寂し」のように語尾が「○・しく・し・しき・しけれ・○」と変化するもの）には畳語は見られません。

　この他、副詞が重なって副詞となるもの（まだまだ、まずまず）や、感動詞が重なって感動詞となるもの（あらあら、まあまあ）などがあります。

29 派生語

　派生語は語基に接辞が結合してできた語です。接辞には接頭辞と接尾辞があるので、派生語も語基に接頭辞のついた派生語と、語基に接尾辞のついた派生語の2種類があります。

語基に接頭辞のついた派生語

　日本語の接頭辞は意味を添加するだけで品詞を変化させません。ただし、漢語系接頭辞の中でも、否定の意味を表す「無」「不」「未」などや「大」「有」などは、

接頭辞		名詞	→	形容動詞の語幹
無	＋	遠慮	→	無遠慮
不	＋	安定	→	不安定
未	＋	成熟	→	未成熟
大	＋	規模	→	大規模
有	＋	意義	→	有意義

のように、品詞を変化させる場合もあります。玉村（1985）などを参考に、接頭辞の品詞性や意味などを考慮して分類すると、次のようになります。

①形容詞性接頭辞
　例：大通り、小犬、新世紀、初夢、真夜中、大事件、スーパーコンピューター
②待遇性接頭辞
　例：お祝い、お茶、御（み）仏、御馳走
③否定接頭辞
　例：非課税、不得意、無意識、無愛想、アンチエイジング、ノンストップ

④漢語系接頭辞（漢語の統辞法に従って形成された語のうち、接頭辞的なもの）

　　例：反体制、超高層、対アメリカ、被差別

⑤動詞・形容詞につく接頭辞

　　例：ぶん－なぐる、か－細い、け－だるい、もの－がなしい

　ここで問題になるのは、「新」「大」などの一字漢字を接頭辞とするか、語基とするかということです。「－機」「－者」などの接尾辞についても同じことがいえます。これらの一字漢語は、実質的・語彙的な意味を表しているので、語基と考えられます。しかし「新－」「－機」「－者」は単独では使うことができない形式である点で、語基と接辞の中間的な存在と見なし、ここでは接辞とします。

語基に接尾辞のついた派生語

　接尾辞を品詞性と意味などを考慮して分類すると、次のようになります。

①名詞性接尾辞

　　例：a. 待遇表示……田中さん、山田先生、吉岡君

　　　　b. 複数表示……あなたがた、私ども、僕ら

　　　　c. 助数詞表示……6本、6頭、6個

　　　　d. 人物表示……アメリカ人、技術者、運転士、薬剤師、画家

　　　　e. 金員表示……光熱費、授業料、食事代

　　　　f. 店舗・建物表示……本屋、食料品店

　　　　g. 抽象性質表示……重さ、アルカリ性、子ども用

②動詞性接尾辞……例：ほしがる、おとなぶる、もたつく

③形容詞性接尾辞……例：茶色い、子どもっぽい、恩着せがましい

④形容動詞性接尾辞……例：エレガントな、道徳的な、はなやかな

⑤副詞性接尾辞……例：立場上

　なお、接尾辞には単に意味を添えるものと、同時に結合対象となる語基の品詞性を変えるものがあります。品詞性を変えるものの代表的なものは、次のように分類することができます。

①名詞を造るもの

例：―さ……重さ（A→N）

―み……甘み（A→N）

―け……ねむけ（A→N）、はきけ（V→N）

―性……柔軟性（NA→N）

②動詞を造るもの

例：―がる……ほしがる（A→V）、いやがる（NA→V）

―ぶる……大人ぶる（N→V）、上品ぶる（NA→V）

―めく……春めく（N→V）、謎めく（N→V）

―る……けちる（N〔NA〕→V）、事故る（N→V）、愚痴る（N→V）

③形容詞を造るもの

例：―い……青い（N→A）

―っぽい……子どもっぽい（N→A）、あきっぽい（V→A）

―らしい……男らしい（N→A）、わざとらしい（AD→A）

④形容動詞の語幹を造るもの

例：―げ……うれしげ（A→NA）

―そう……おもしろそう（A→NA）

―的……道徳的（N→NA）、イデオロギー的（N→NA）

⑤副詞を造るもの

例：―上……立場上（N→AD）、事実上（N→AD）

―然……社長然（N→AD）

接頭辞と接尾辞を比べると、接尾辞の方がその種類も用例もはるかに多いといえます。また和語系のものもずいぶんあるように見えますが、実際には漢語系の方が種類も豊富で生産性も高くなっています。

30 造語法

　新しく語を造り出す方法を「造語法」といいます。新しく造られた事物や新しい概念に対しては、新しい語を対応させなければなりません。このような場合に考えられる方法としては、一つはまったく新しい語を造り出す、いわゆる「語根創造」であり、もう一つは既存の語を基に造る場合です。

　現代においては、語根創造は、「モフモフ」などのオノマトペを除いてほとんど存在しないと言われています。つまり、大部分の語は既存語の利用によるものです。次の表1は造語法から見た語の種類を整理したものです。

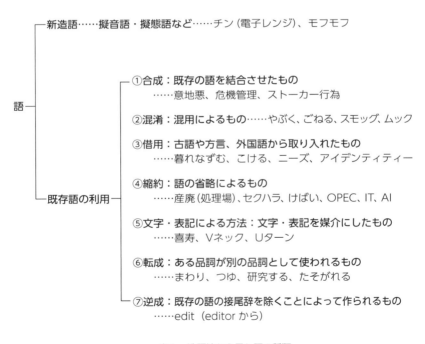

表1　造語法から見た語の種類

このうち最も生産的な方法は既存の語を結合させる①合成です。②混淆の例である「やぶく」は「やぶる」と「さく」の混用によるものです。もともと英語の混淆の例であるスモッグ（smoke + fog = smog）やブランチ（breakfast + lunch = brunch）、ブログ（web + log = blog）（語頭省略の例でもあります）も外来語として使われています。

③借用には、「暮れなずむ」のような古語や「こける」のような方言からの内部借用と、「ニーズ」「アイデンティティー」のような外来語による外部借用があります。内部借用の語例は、外部借用と比べると多くありません。幕末から明治時代にかけては「地球」「電気」「哲学」「理想」など、外国語が翻訳されて取り入れられ、普及しましたが、大正時代に入ると外国語がそのまま取り入れられるようになりました。それは現在にもおよび、外来語が拡大する状況となっています。

④縮約は語の省略によるものです。「マンネリ（ズム）」「うなどん（うなぎどんぶり）」「学割（学生割引）」「脱サラ（脱サラリーマン）」「セクハラ（セクシャルハラスメント）」など、最も多いのは4拍のものです。省略される部分は次のとおりです。

　　a. 語頭省略………（アル）バイト、（プラット）ホーム
　　b. 語中省略……警（察）官、フリー（アルバイ）ター
　　c. 語尾省略……コネ（クション）、シンポ（ジウム）

身近なところでは CD（Compact Disc）、PDF（portable document format）などの頭文字語が増えています。新聞やテレビのニュースでも IMF（International Monetary Fund）、APEC（Asia Pacific Economic Cooperation）などが頻繁に見られるようになりました。

この他、「乳児と幼児」を結合させた「乳幼児」や「冷暖房」「政財界」「送受信」「輸出入」「小中学校」「青少年」「中高年」「離着陸」「視聴覚」などの略熟語といわれるものも目立ちます。これらも省略語の一部です。

⑤文字・表記によるものには「米寿」（「米」の字を分解すると「八十八」になる）や「Vネック」「Uターン」「Cカール（パーマのかけ方）」などがあります。

⑥転成とは、ある品詞から他の品詞に転換することをいいます。例えば、名詞の「露」を「つゆ疑わない」のように副詞として用いるようになったものや、動詞「ま

わる」の連用形「まわり」が名詞として用いられるようになったもの、名詞「研究」「散歩」などに動詞の「する」が結合してできたサ変漢語動詞「研究する」「散歩する」、接尾辞「─がる」「─い」が結合してできた「寒がる」「茶色い」などがあります。なお、「流れ」が「流れる」という動詞からの転成名詞であるのと同様に考え、本来「たそがれ（誰そ彼は）」は名詞であるのに、類推から「たそがれる」という動詞を造ることがありますが、このような例もここに含まれます。

　⑦逆成は語の一部が接尾辞に似ているため、その部分を接尾辞と誤り、除くことにより造られた語です。日本語には例がほとんどないとされています。英語の例を挙げれば、名詞の"editor（編集者）"から動詞"edit（編集する）"が、また同じく名詞の"peddler（商人）"から動詞"peddle（行商する）"が造られました。

31 変音現象

　合成語が造られるとき、語の構成要素の音素が変化することがあります。これを変音現象といい、次のような種類が挙げられます。

　　連濁……後要素の語頭の音が清音から濁音に変化する。
　　　　例：ほん＋はこ→ほんばこ、ひと＋ひと→ひとびと

　　転音……前要素の末尾の母音が他の母音に交替する。
　　　　例：あめ＋みず→あまみず、しろ＋たま→しらたま

　　音便……前要素の末尾の音節が促音や撥音などに変化する。
　　　　例：ひき＋つかむ→ひっつかむ、ぶち＋なぐる→ぶんなぐる

音韻添加……前要素と後要素の間に新しい音素が挿入される。

例：はる＋あめ→はるさめ

半濁音化……後要素がハ行音で始まる場合、ハ行音がパ行音に転じる。同時に直前の促音化が起こる。

例：ぶち＋はなす→ぶっぱなす、あけ＋ひろげ→あけっぴろげ

連声……前の音節がm・n・tで終わったとき、次にア行・ヤ行・ワ行のどれかが続くと、その部分がマ行・ナ行・タ行に変化する現象。

例：三位（さんい）→さんみ、陰陽師（おんようじ）→おんみょうじ

連声の例は他に現在では「因縁（いんねん）」「天皇（てんのう）」など特定の語にしかみられない。

第5章

語構成

101

タ ス ク

問題1 次の文章を読んで、後の問い **1**～**5** に答えなさい。

1 次の語の中から複合語を選びなさい。

1. 大人ぶる　　2. 交通費　　3. 基礎学習辞典

4. さ迷い出る　5. まぶた　　6. クーデター

2 次の1～6の複合名詞の前要素と後要素の間の文法的関係が同じものを、
a～fの中から選びなさい。

1. 値上がり　　2. 種蒔き　　3. 炭火焼き　　4. 肌ざわり

5. 下町育ち　　6. 日焼け

a. バターいため　　b. 口あたり　　c. 海外公演　　d. 時差ぼけ

e. 日暮れ　　　　　f. 湯沸かし

3 次の複合語の中で、語基と語基が並列構造をなしているものを選びなさい。

1. 昼寝　　2. 月見　　3. 近道　　4. 歩行　　5. 身軽

4 次の1～6の複合名詞と構成要素の品詞と構造が同じものを、a～lからそ
れぞれ探しなさい。

1. ちちはは　（　　　　　　　　　　）

2. 行き来　　（　　　　　　　　　　）

3. 白酒　　　（　　　　　　　　　　）

4. のみ薬　　（　　　　　　　　　　）

5. 金もうけ　（　　　　　　　　　　）

6. 革靴　　　（　　　　　　　　　　）

a. 右左　　b. 親子　　c. うす塩　　d. つけひげ　　e. 綿棒　　f. 読み書き

g. 黒豆　　h. 花見　　i. やりとり　　j. はみがき　　k. 石橋　　l. 買物

5 次の 1 ～ 5 の方法によって造られた語を、下の a ～ i の中から探しなさい。

1. 合成法　　　（　　　　　　　　　）
2. 混淆法　　　（　　　　　　　　　）
3. 借用法　　　（　　　　　　　　　）
4. 縮約法　　　（　　　　　　　　　）
5. 文字・表記による方法（　　　　　　　　　）

a. 特急　　　b. しんどい　　　c. エッチ　　　d. ごねる　　　e. カラオケ
f. コンピューター　　　g. マザコン　　　h. 朝晩　　　i. 学級崩壊

問題2　　次の文章を読み、後の問い**1**～**5**に答えなさい。

「ま（真）」は「冗談を真に受ける」のように名詞として用いられる場合と、「真北」「真冬」「真新しい」などのように名詞・形容詞などの上につく接頭辞として用いられる場合がある。接頭辞「ま（真）」は大きく三つの意味に分けられる。

　　a. それが嘘偽りのない純粋な状態であることを表す。
　　b. その状態が正確にその状態であることを表す。
　　c. その種類の中で標準的なものであることを表す。

このうち、[　A　]には「まー」「まっー」「まんー」の形が現れるが、「真正面」と「真っ正面」をくらべるとわかるように、「真っ正面」は「真正面」をより（　ア　）していることがわかる。

なお、a、b、cのうち[　B　]には連濁が起こり、この点が他と異なる。

1　a、b、cに該当する「ま（真）」のつく語を、次の 1 ～ 9 の中からそれぞれ三つずつ選びなさい。

1. 真向かい　　2. 真水　　3. 真四角　　4. 真鯛　　5. 真心　　6. 真夜中
7. 真いわし　　8. 真顔　　9. 真竹

103

2 ［　A　］に入る最も適当なものを次の１〜５の中から選びなさい。
　1. a　　　2. b　　　3. c　　　4. a と b　　　5. a と c

3 （　ア　）に入る最も適当な語句を書きなさい。

4 ［　B　］に入る最も適当なものを、次の１〜５の中から選びなさい。
　1. a　　　2. b　　　3. c　　　4. a と b　　　5. a と c

5 「まっ─」がつく派生語と「まん─」がつく派生語を、それぞれ二つずつ書
　きなさい。
　「まっ─」……（　　　　　　,　　　　　　）
　「まん─」……（　　　　　　,　　　　　　）

問題1 **1** 3、4

2 1：e　2：f　3：a　4：b　5：c　6：d

3 4

4 1. ちちはは：a、b　2. 行き来：f、i　3. 白酒：c、g
4. のみ薬：d、l　5. 金もうけ：h、j　6. 革靴：e、k

5 1：h、i　2：d　3：b、f　4：a、e、g　5：c

問題2 **1** a：2、5、8　　b：1、3、6　　c：4、7、9

2 2

3 強調

4 5

5 まっ－：まっぴるま、まっさお、まっぱだか　など
まん－：まんなか、まんまる、まんまるい　など

問題1

1　「さ迷い出る」は、「さ－迷い出る」のように接頭辞「さ」に「迷い出る」がついたと考えるより、「さ迷う」という動詞に「出る」がついたと考える方が現代語の感覚ではふつうだと思われる。「さ－迷う」は、もともと接頭語が動詞についた派生語で、その派生語に「出る」という動詞がついてできた高次結合語であるが、この場合、最終段階の結合によって決まるため、複合動詞となる。6の「クーデター」はフランス語の"coup d'État"だが、外来語では1語と考える。

4　構成要素の品詞と構造から見る。「ちちはは」は「ちち」も「はは」も名詞で意味的には対義関係にある。

5　2：d＝ごねる……「こねる」と「ごてる」の混同から
3：b＝しんどい……関西方言からの借用　　e＝からオケ……からの（＝歌詞の入っていない）オーケストラの意味　　g＝マザコン……マザーコンプレックス
5：c＝エッチ……「変態」のローマ字書き hentai の頭文字から

問題2

1　「真正面」は、a～cの意味の中ではbである。「まん正面」とはいわないが、「まん中」という単語もある。

4　**1**のa、b、cに該当する単語で連濁が起こるかどうか確かめてみるとわかる。aは5「まごころ」、8「まがお」となり、cは4「まだい」9「まだけ」となるが、bの3「真四角」は「まじかく」とはならない。

105

実 践 タ ス ク

1．次に掲げる『できる日本語中級』の索引303ページの「な」で始まる語を見
て、「単純語」「合成語」「複合語」「派生語」のどれに当たるか考えてみましょう。

仲がいい ……… 14-1
長年 …………… 16-3
長引く ………… 16-3
仲間 …………… 4-知
中身 …………… 2-5
眺め …………… 3-1
長め …………… 3-知
仲良く ………… 19-1
流れ落ちる …… 10-1
泣き止む ……… 11-知

投げかける ……18-知
なじむ …………19-1
なぜ ……………1-知
なぜなら ………16-知
なぞなぞ ………9-話
懐かしい ………16-1
名付ける ………6-4
納豆 ……………16-2
納得 - する ……4-知
斜め ……………4-5

2．「達成」に否定の接頭辞がついた形は「不達成」「未達成」「非達成」と3種類
ありますが、どれが最も頻度が高いでしょうか。コーパス検索サイト「少納言」
で、それぞれの頻度を調べてみましょう。また、それぞれの使い分けを考えて
みましょう。

小納言　KOTONOHA「現代日本語書き言葉均衡コーパス」
http://www.kotonoha.gr.jp/shonagon/

第 **6** 章

語の意味

□ 語と語の意味関係を考えましょう

□ 多義語・類義語・反義語の意味関係について理解しましょう

「とる」という動詞は、「箸をとる」「雑草をとる」「財布をとる」「蝶々をとる」「夕食をとる」など、いろいろな名詞と一緒に使われますが、「とる」の意味は少しずつ異なります。「とる」「見る」「打つ」などの基本的な動詞や、「手」「足」のような身体語彙などの基本的な名詞は、意味の広がり（拡張）を持ち、複数の意味を担います。このような語を「多義語」といいます。それでは、「朝日がさす」「とげをさす」「先生が生徒をさす」「髪にかんざしをさす」「機械に油をさす」の「さす」は多義語でしょうか。それとも、別の語でしょうか。

　語は、我々が自然現象・事物・動作・感情など現実世界にある物事の側面を捉えて名付けたものです。しかし、もし人が経験する一つ一つの事実や現象にそれぞれ異なる名付けを行っていたら、その数は数えきれないものとなってしまいます。そこで、例えば〈鳥〉にはさまざまな種類があり、ある人が見た鳥と、別の人が見た鳥は違っていても、鳥は鳥として捉え、魚や獣とは異なるものとするわけです。それでは、私たちは何を〈鳥〉とするのでしょうか。普通「からだが羽毛に包まれ、空を飛ぶ動物」を〈鳥〉というのではないでしょうか。

　このように、語の意味とは、事物や現象の一般的な特徴を表したものです。その点で、語の意味は抽象化されたものであるといえます。これは、後で述べる「プロトタイプ」の考えに通じるものです。

　実際には、語の意味は、その語が使われる場面や文脈において初めて具体化されます。これに関連していえば、語の意味の考え方には大きく分けて次の三つの説があります。

1. 用法説……文脈が語の意味を決定するという考え方
2. 基本的意味説……語には基本的な意味があり、それが文脈によって少しずつ変化して使われるという考え方
3. 多義説……1と2の中間の考え方で、語は二つ以上の意味を持っていて、それが文脈によってどれかが用いられるという考え方

「語の意味の捉え方」に関しては、この他にもさまざまな説がありますが、まだ定説はないようです。

　ところで、学習者は、「暑い」という単語を習うと、「その反対は何ですか」と必ず聞いてきます。また、ある学習者は「泳ぐ」と「水泳する」を同義語だと思

い、「魚が水槽で水泳しています」という文を書いてきたことがあります。「泳ぐ」と「水泳する」の意味はある部分では同じですが、ある部分では異なっています。学習が進むにつれてこのような類義語が増えていきます。この章では、類義語間の意味の関係や反義語間の意味の対立についても考えていくことにしましょう。

32 語と語の意味

　語は、現実世界にある物事の側面を捉えて名付けたものであると述べましたが、この現実世界にある物事（指示対象）を捉えた側面（語義＝語の意味）と、名付けたもの（語形）との関係は図1のように図示することができます。

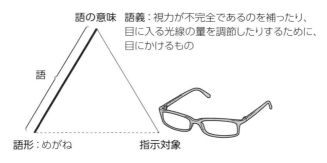

図1 「めがね」の語形と語義

　語は、語形から語義を、また語義から語形を思い起こすことができるものです。ここで注意しなければならないことは、指示対象が現実世界に実際に見えるものとして存在する場合です。この場合、語義と指示対象は同一のものとして考えられがちです。例えば、語形〈めがね〉の語義は「視力が不完全であるのを補ったり、目に入る光線の量を調節したりするために、目にかけるもの」です。とこ

が、現実に机の上にある〈めがね〉そのものではありません。また、指示対象は目に見えるものばかりではありません。実際には目に見えるものとしては存在しない〈愛〉〈思う〉〈それ〉〈しかし〉〈が〉なども語義を有する語ですが、これらも指示対象であることに変わらないことからも語義と指示対象が同一でないことがわかります。

　ところで、語義は指示対象との関係で問題になることがあります。例えば、「マンション」という語は、以前は「アパート」「コーポ」などより高級な共同住宅という意味でしたが、現在では実体は「アパート」と変わりない共同住宅の意味で使われることも多くあるようです。語の意味とは、その語をどのようなものに対して、どういう観点から、どのような感じで用いるかという、ある時点での社会的、習慣的なきまりの総体であるといえるでしょう。

　語義は、具体的な場面や文脈の影響を除いた、多くの人が共通して認める意味と、二次的、連想的などの文化や個人によって特定される意味とに分けられます。前者をディノテーション（denotation、明示的意味）、後者をコノテーション（connotation、副次的意味）といいます。例えば、「台所」と「キッチン」のディノテーションは同じですが、コノテーションは異なります。「キッチン」には新しく、清潔で機能的な感じが伴いますが、これは「キッチン」に「システムキッチン」という複合語があることからもわかります。

　また、類義語である「女性」と「婦人」についても考えてみましょう。「女性」は「女性を先に避難させる」「女性議員」「女性ドライバー」のように、現在「男」に対する「女」、特に成人の「女」の意味で一般的に使われ、「婦人」は「婦人参政権」「婦人警官」「家庭婦人」のように、もっぱら成人した女性の意味で用いられます。つまり、ディノテーションはだいたい同じなのですが、デパートなどでは「紳士服売場」「紳士靴売場」に対する語として、「婦人服売場」「婦人靴売場」が使われていることからもわかるように、コノテーションを考えると、「婦人」は「女性」よりもやや古めかしく、より改まった語だということがわかります。このようにコノテーションの詳細は評価的、感情的、文体的、待遇的などさまざまですが、類義語の差異を明らかにする際にこれらの要因は重要になります。

　さて、具体的な発話や文から独立した語義を「意義素」という場合があります。その中には文法的特徴、語義的特徴、含蓄的特徴（喚情的、文化的）が含まれます。意義素は意味特徴と呼ばれる語の要素が集まって形づくられています。玉

110

村（1985）は、「ぬるい」という語には、〈液体性〉〈温度性〉〈基準性〉〈不足性〉〈不満足感〉〈状態性〉〈形容詞性〉などの意味特徴があり、それらをまとめたものが「ぬるい」の意義素だとしています。

33 単義語と多義語

　語には「虫垂炎」（盲腸の先端にある虫垂の炎症）のように一つの意味しかもたないものもあれば、いくつかの意味を持つものもあります。前者を「単義語」といい、後者を「多義語」といいます。「虫垂炎」のような医学用語や「幾何学」のような科学用語、「崩御」のような特殊な語、また「新宿」「夏目漱石」のような固有名詞などの多くは、単義語です。それに対して「こと」「もの」などの抽象的な名詞はもちろん、「手」「目」などの身体語彙や、動詞「とる」「みる」、形容詞「よい」「高い」など、基本的な語はほとんどが多くの意味をもつため、多義語だといえます。

　多義語の例として、名詞「手」を挙げましょう。『大辞林　第三版』（2006）によると、「手」の本来の意味（原義）は「①人体の肩から先の部分。手首・てのひら・指先などを指すこともある。また、動物の前足をいうこともある。」ですが、その次に16もの語義が載っています。①に続く三つの語義は以下のとおりです。これらはそれぞれ原義から派生した意味であり、「転義」といいます。

②形状や機能が、ヒトの①に似ているもの。
　　例：急須の手
③①を働かせて様々な事をすること。
　　例：巨匠の手になる
④事を行うための方法・技術など。

例：その手には乗らない

　もう一つ例を挙げましょう。動詞「みる」の原義は、『大辞林　第三版』(2006)
によると「①視覚によって、物の形・色・様子などを知覚する」ことですが、次
の②③⑥⑦⑩のようないくつかの転義を持ちます。

　　②風景などを、そこへ出かけていって楽しむ。見物する。
　　　例：桜をみに行く
　　③芝居や映画、スポーツの試合などを鑑賞する。
　　　例：まだ歌舞伎をみたことがない
　　⑥判断を下すために、物事の状態などを調べる。
　　　例：味をみる
　　⑦医者が体の様子を調べ、健康状態を判断する。診断する。
　　　例：患者をみる
　　⑩好ましくないことを身に受ける。経験する。
　　　例：馬鹿をみる　痛い目をみる

　「みる」の対象が具体的な物から抽象的なものへと変化していくにしたがって、
原義である視覚による物事の知覚からメタファー的な判断へと移行していくこと
がわかります。ここで注意しておかなければならないのは、原義から⑩にいたる
語義が互いに無関係ではないということです。あるところではつながっていて、
しかし、別なところでは違っているというのが、多義語における各語義の基本的
な関係です。ただし、その間の境界は明らかでなく曖昧です。
　このような状況を説明するのに「プロトタイプ（典型）」という概念が利用さ
れることがあります。プロトタイプとは、あるカテゴリーに属する成員のうち、
そのカテゴリーを代表するものをいいます。「みる」のプロトタイプは「視覚を
用いて物事を知覚する」ことです。それぞれの転義はプロトタイプのカテゴリー
に属していると考えられますが、代表的なものとそこから出た転義の間は必ずし
も明確な線引きがあるわけではなく、連続線上に連なっていると考えられます。
プロトタイプの考え方を示す例として、Aitchison (2003) が挙げている鳥のプロ
トタイプを図2に挙げます。これは〈鳥〉の特性（羽がある・飛ぶ・くちばしが

112

ある、など）にあわせて、いろいろな鳥がどの程度「典型的な鳥らしいか」を示したものです。円の中心にいる鳥が最も典型的な鳥であり、中心から離れれば離れるほど鳥らしさを欠いていきます。

　なお、多義語には「手」「みる」のような1拍語や2拍語といった短い語形の語が多いと言われています。

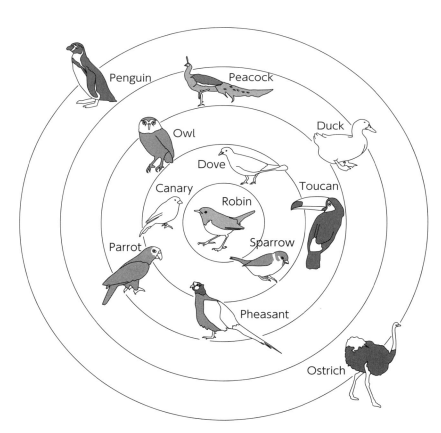

図2　Birdiness rankings（Aitchison 2003 より）

34 多義語と同音語

　多義語は一つの語が二つ以上の意味を持っていることをいい、同音語（第3章参照）はもともと別の語であるのに、たまたま同じ語形を持つ語のことをいいます。同じ語形に異なる意味が対応していると考えると、多義語と同音語の語形と語義の関係は基本的には同じになります。

　普通、意味の間に関連性がないと思える場合には同音語、何らかの関連性があると感じる場合は多義語という分け方をします。漢語で「コウショウ」という語形を持つ語には、「校章」「交渉」「高尚」などがありますが、それぞれの語義には関連性がないため、同音語として扱います。和語の「住む」「澄む」「済む」は、語源としては同じ語であると考えられますが、現在ではその意識が稀薄です。このように、同じ語としての意識が稀薄だったり、あるいはなかったりする場合には、同音語として扱います。一方、「取る」「捕る」「採る」「執る」「撮る」のように、漢字による表記は異なるものを用いることはあっても、「とる」の原義から派生したものと意識される場合は多義語として扱う場合が多いようです。しかし、国語辞典によっては「取る」「捕る」「採る」「執る」「撮る」それぞれを見出し語として立てているケースもあります。どこまでを多義語とし、どこからを同音語とするか、両者の間に明確な境界線が引けるのか、というのは難しい問題です。

　同音語が問題となるのは、語形が同じであるというだけでなく、「科学」と「化学」、「私立」と「市立」、「追求」と「追究」と「追及」のように語義が近い場合です。特に話しことばでは文字の違いで区別をつけることができないため、コ

ミュニケーション上の混乱をもたらすことがあります。

なお、漢字による表記が同じで、語形が違うものを同形語(第3章参照)といいます。「今日」が「キョウ」か「コンニチ」か、「上手」が「ウワテ」か「ジョウズ」か「カミテ」か、といった例は、情報検索やテキスト読み上げなど、機械処理の過程で問題となります。

35 類義語

語と語の意味の関係を考えるとき、「母」と「おふくろ」、「バナナ」と「果物」、「美しい」と「きれい」などのように語と語の意味領域が重なる場合があります。このような、意味のよく似ている単語の組を「類義語」といいます。類義語間の基本的な意味関係は、次の3種類の図で示すことができます。

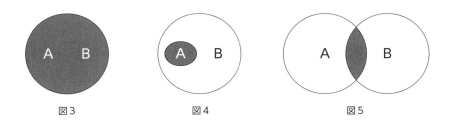

図3　　　　図4　　　　図5

図3の単語Aと単語Bは、「ふたご」と「双生児」や、「歯医者」と「歯科医」のように、指し示す対象の範囲が完全に一致する「同義語」の場合です。ただし、語感や文体などを考えれば、指示対象が完全に一致する同義語はまれだといわれています(例えば「ちょっと歯医者に行ってくる」とは言いますが「ちょっと歯科医に行ってくる」とは言いません)。言語の経済性からいっても、指示対象が

完全に一致する場合はどちらかに集約されるはずです。ただし、「エアコン」と「空調」のように、外来語とその訳語との間には、同義語といえる例がいくつか見られます。

図4の単語Aと単語Bは、Bの方が意味が広く、Aを包摂する関係にある場合です。「父」と「親」、「大根」と「根菜」などを例として挙げることができます。この場合、Bを「上位語」といい、Aを「下位語」といいます。下位語が上位語に包み込まれるとき、このような関係を「包摂関係」といいます。包摂関係は次のようにその関係を広げることができます。

「根菜」の下位語の「人参」と「大根」と「ゴボウ」は「同位語」とよばれます。この三つの単語は同位関係にありますが、意味は重なりません。「農業」「商業」「工業」や、「児童」「生徒」「学生」もそれぞれ同じ意味分野に属し、同じ抽象レベルで同じような観点から名付けられています。ただし「農業」「商業」「工業」には「産業」という上位語がありますが、「児童」「生徒」「学生」には該当する上位語は存在しません。

図5の単語Aと単語Bは、「森」と「林」、「美しい」と「きれい」、「のぼる」と「あがる」のように、両方の語の語義がそれぞれ一部分において重なり合う関係にある最も類義語らしい類義語です。図5の色の部分は両語の意味の共通する部分であり、重ならない部分は両語の差異ということになります。なお、この差異は「示差的特徴」ともいわれます。「森」と「林」を考えた場合、両語の意味の共通する部分は〈樹木が群がって生えている所〉という意味です。「森」と「林」の意味の差異は、「森」が〈「林」よりも木が密生してこんもりと茂っているところ、または神社のまわりに木が茂っている所〉であるのに対して、「林」は〈広い土地に、木が「森」よりはまばらだが多数生えた所〉だといえるでしょう。

類義語のグループを構成する各語の意味の差異を明らかにしようとするとき、それらの語を含む共通の例文を組み合わせて、その可否を考えると捉えやすくなります。例えば、〈将来のことにあらかじめ見当をつける〉という共通の意味を

持つ「予想」「予測」「予期」という類義語のグループについて、各語の差異は、次のような例文を考えると明らかになるでしょう。

(1) ○予想が外れる。
　　○予測が外れる。
　　×予期が外れる。

(2) ○予想外の結果となった。
　　×予測外の結果となった。
　　×予期外の結果となった。

(3) ？予想し難い大地震
　　○予測し難い大地震
　　×予期し難い大地震

(4) ？予想せぬ事態が起こった。
　　×予測せぬ事態が起こった。
　　○予期せぬ事態が起こった。

　以上の例文から「予想」と「予測」は将来のことを前もってどうなるか推測すること、ただし「予測」の方がより客観的でデータなどに基づいていること、「予期」はある状態になることを前もって推測し期待すること、などの違いを明らかにすることができます。

　なお、類義語の問題を考える上で、語感やニュアンスの違いを無視することはできません。例えば、「美人」と「美女」に共通する意味は「顔かたちの美しい女性」ですが、「美人」が「美人の秘書」「彼の奥さんは美人だ」のように一般的に使われるのに対して、「美女」は「美女と野獣」「夢の中の美女」のように多少幻想的な語感を伴います。

36 反義語

「反義語」は、特定の点に関して相反している単語の組を指します。「対義語」「反対語」とも呼ばれます。一般に反義語とされる単語と単語の意味の対立には、いくつかのタイプが考えられます。

1. 一方が肯定されれば他方が否定される対立
    例：表⇔裏　出席⇔欠席　等しい⇔異なる
2. 両極を指す対立だが中間に位置するものがある場合
    例：北極⇔南極　100点⇔0点　最高⇔最低
3. 程度性を持つ単語と単語の対立
    例：大きい⇔小さい　高い⇔低い　暑い⇔寒い
4. 一つの対象を異なる二つの視点から見た対立
    例：売る⇔買う　貸す⇔借りる　行く⇔来る　上り坂⇔下り坂
5. 互いに逆方向に移動する単語と単語の対立
    例：入る⇔出る　つく⇔離れる
6. 状態の変化にかかわり、互いにもとの状態にもどる関係にある対立
    例：寝る⇔起きる　開ける⇔閉める　結ぶ⇔ほどく
7. 互いに他を前提にして成り立っている関係
    例：親⇔子　先生⇔生徒　夫⇔妻

普通はこのように2語の対立を考えますが、次のように3語、4語が関係してくる場合もあります。

「高い」は、「空間的に上の方にある」や「声が高音である」、「身分や地位が上位にある」のような意味に対する反義語は「低い」ですが、「高価である」の意味に対する反義語は「安い」になります。

「兄・弟・姉・妹」の4語は、「兄⇔弟」「姉⇔妹」が年齢の上下にかかわる対立で、「姉⇔兄」「妹⇔弟」は性の対立です。「兄⇔妹」「姉⇔弟」は普通反義語とはしませんが、年齢が上か下か、性が男か女かの二つを合わせた観点で対立していることになります。

ところで、「お母さん」の反義語は「お父さん」であり、「おやじ」ではありません。反義語は普通、語種や文体的特徴など同質の言葉が対になっていることを前提とします。

ここまでに挙げた例を見ればわかるように、反義語のペアはほとんど同じ品詞の単語ですが、「若い」と「年とった」、「きれいな」と「汚い」、「同じ」と「違う」のように、異なる品詞の語が反義語になることもあります。

漢語の場合、次のように接頭辞により反義語のペアを造ることもあります。

例：健康⇔不健康　　解決⇔未解決　　作用⇔反作用

なお、対立する点が明らかではありませんが、一組で用いられることがある語の組があります。「海」と「山」、「梅」と「うぐいす」、「白」と「赤」または「黒」、「グー」「チョキ」「パー」などです。これらを「対語(たいご)」と呼ぶことがあります。さらに、曜日や十二支（子→丑→寅→卯→辰→巳→午→未→申→酉→戌→亥）、「春」「夏」「秋」「冬」などは「循環構造」と呼ばれます。会社などの役職名や「優」「良」「可」「不可」など、有限個の項目が決まった順序で一つの系列をなしているものは「系列関係」にあるといえます。

37 成分分析

　語の意味を、いくつかの「意味成分（意味素性）」の組み合わせによって分析する方法があります。これを「成分分析」といいます。

　　例：父：〈＋親族〉〈＋直系〉〈＋一世代上〉〈＋男性〉
　　　　母：〈＋親族〉〈＋直系〉〈＋一世代上〉〈－男性〉
　　　　（父と母の）息子：〈＋親族〉〈＋直系〉〈－一世代上〉〈＋男性〉
　　　　（父と母の）娘：〈＋親族〉〈＋直系〉〈－一世代上〉〈－男性〉

　　　　牡牛：〈－人間〉〈＋男性〉〈＋大人〉
　　　　牝牛：〈－人間〉〈－男性〉〈＋大人〉
　　　　子牛：〈－人間〉〈±男性〉〈－大人〉

　この分析方法は、親族名称の意味関係の分析によく適用されます。「父」と「母」はそれぞれ〈＋男性〉か否かで区別され、「父」と「（父と母の）娘」は〈＋一世代上〉か否か、〈＋男性〉か否かで区別される、という具合です。

　成分分析に対する批判の一つとして、どれだけの数の意味成分を認めればよいのか、という点があります。ある語の意味を十全に表すためには、意味成分の数が際限なく必要になってしまうわけです。最近の認知意味論の展開によって、中間を認めない成分分析の考えに対して、程度性を認めるプロトタイプ的な考え方が優勢になってきました。その結果、成分分析は以前ほど重要視されていません。

38 選択制限

　「美しい女性」「きれいな女性」はどちらもいえますが、「美しい師弟愛」とは
いえても「きれいな師弟愛」とはいえません。「雷が落ちる」とはいえますが、「雷
が降りる」「雷が下がる」などとはいえません。「学生たち」とはいえても「コッ
プたち」とはいえません。このように、語と語の組み合わせ（共起関係）には、
ある意味的な条件を満たしていなければならない場合があります。これは文法論
の問題ではなく、意味論的な制約だと考えられます。このような制約を、「選択
制限（共起制限）」といいます。

　ただし、あえて選択制限に違反するような表現が使われることもあります。「飲
むヨーグルト」「食べるラー油」などは、通常は共起しない「ヨーグルト」と「飲
む」、「ラー油」と「食べる」を組み合わせることで、消費者の注意を引くような
商品名になっています。これらは選択制限に反することによって耳目を集めよう
としている例だといえるでしょう。

第
6
章

語
の
意
味

121

タ ス ク

問題1　次の1～4は反義語のグループです。下のa～fの組み合わせのうち、同じグループのものを探しなさい。

1. 表－裏　　　　　　（　　　　　　）
2. 満点－零点　　　　（　　　　　　）
3. 上り坂－下り坂　　（　　　　　　）
4. 結ぶ－ほどく　　　（　　　　　　）

a. 生－死　　　　b. 最大－最小　　　c. 有罪－無罪　　　d. 行く－来る
e. 寝る－起きる　　　f. 貸す－借りる

問題2　（　　　　　）の中に同位語を入れ、下線部にその上位語を入れなさい。

1. さくらんぼ、みかん、（　　　　　）、もも：＿＿＿＿＿＿＿
2. ビーフ、ポーク、ラム、（　　　　　）：＿＿＿＿＿＿＿
3. 短歌、（　　　　　）、随筆、小説：＿＿＿＿＿＿＿

問題3　次の文章を読んで、下線部x～zに該当する例を一つずつ答えなさい。

　語には「兄弟姉妹」のようにx対立関係が1対1でないものや、「海－山」のようにy対立点は明らかではないがそれぞれ組み合わせて使われるものもある。また、yの中には「春夏秋冬」のようにz起点から出発して、またもとに戻ってくるような構造もある。

x：＿＿＿＿＿＿＿　　　y：＿＿＿＿＿＿＿　　　z：＿＿＿＿＿＿＿

問題4　次の文章を読んで、後の問い**1**～**3**に答えなさい。

　　[　　A　　]は、「海／膿」「辞典／自転」「糸／（　ア　）」などのように同じ語形に複数の意味が対応していて、その複数の意味の間に関連性が認められない場合である。これに対して[　　B　　]は、複数の意味の間に何らかの関連性がある場合である。例えば、「（　イ　）」という語には「～酒」「～話」「字が～」などのように異なる意味があるが、相互に関連性が感じられるので、[　　B　　]であると考えられる。[　　B　　]の意味の関連性は、[　　C　　]などに基づく。例えば、「昔あるところに」の「ところ」は〈場所〉を示すが、「ちょうど出るところだった」の「ところ」は〈時間〉を表している。これは〈場所〉から〈時間〉への転用によって成り立っていると考えられている。

1　[　　A　　]と[　　B　　]に適当な語を入れなさい。

2　（　ア　）に適当な名詞を（　イ　）に適当な形容詞を入れなさい。

3　[　　C　　]に入る語として適当なものを次の1～4の中から選びなさい。
　　1. 派生　　2. 擬人法　　3. 比喩　　4. 含意

解答

問題1 1：a、c　　2：b　　3：d、f　　4：e

問題2 1：りんご（かき、なしなど）：果物　　2：チキン（マトンなど）：食肉
　　　　　3：詩（俳句など）：文学

問題3 x. 喜－怒－哀－楽、晴天－曇天－雨天、など　　y. 戦争－平和、など
　　　　　z. 曜日の名、月の名、など

問題4 **1**　A：同音語（同音異義語）　B：多義語
　　　　　2　ア：意図　など　　イ：うまい　など
　　　　　3　C：3

解説

問題4

2　同音異義語には「糸・意図」のように語種の異なる和語と漢語の場合もある。

3　比喩は多義語の意味と意味を結び付ける重要な手段である。

実 践 タ ス ク

1．次の例は、文法的な誤りはありませんが、母語話者からすると不自然さを感
　じます。あなたが教師だったら、どこを指摘し、どのように直しますか。学習
　者はある程度日本語の知識があり、説明が理解できるレベルとします。

　(1) スマートフォンはとても便利です。老人も使っています。
　(2) 私の部屋はＡさんの横です。102号室です。
　(3) 私の父は5年前に死にました。
　(4) 日曜日は仕事がありませんから、友だちと海に行って遊びました。
　(5) 暇なら私の仕事を手伝ってください。

2．「かける」という動詞を漢字で書くと「掛ける」「欠ける」「賭ける」「架ける」
　などが浮かびます。どの漢字で表される「かける」が多いのか、どのような語
　と共起することが多いのか、「少納言」を使って調べてみましょう。

小納言　KOTONOHA「現代日本語書き言葉均衡コーパス」
http://www.kotonoha.gr.jp/shonagon/

コラム 1

いい話

───「いい」と「よい」は同じ意味ですか。

───はい、同じことが多いです。

「よい質問」と「いい質問」は同じです。

でも、意味がまったく違うこともあります。

せっせと働く　　　よい若者
ごろごろしている　　　いい若い者

分別のある　　　よい大人
バカ騒ぎする　　　いい大人

シェフの味つけ　　　よい加減
母の料理は　　　いい加減

今年は穏やか　　　よい年だ
気づけばわたしも　　　いい年だ

悪いことして　　　いい金稼ぐ
身のほど知らず　　　いい気なものだ
彼女のいい人は　　　悪い人

───この説明でいいですか。

───はい、いいです。

───もっと説明しましょうか。

───いいえ、いいです。

久野　麗　(2008)『五十音の練習曲集　作品1』(土曜美術社出版販売) より

第 **7** 章

語結合・コロケーション・慣用句と比喩

□ 語と語の結び付きについて考えましょう

□ 比喩の種類を確認しましょう

「手を出す」という表現があります。「危ないですから、手を出さないでください。」という文では、「手」を「顔」に代え、「危ないですから、顔を出さないでください。」とすることも、また、「出す」を「触れる」に代え、「危ないですから、手を触れないでください。」とすることもできます。「手を出す」の全体の意味は、「手」と「を」と「出す」の個々の要素の意味の全てを合わせたものとして捉えることができます。これを「語結合」といいます。一方、「株に手を出すな」という文では、「手」を他の語に代えることも、「出す」を他の語に代えることもできません。それは、「手を出す」が全体で「かかわり合う」という意味になっているからです。この場合、「手＋を＋出す」が慣習的に結び付いていて、「手を出す」全体で特別な意味を表しているわけです。このような表現を「慣用句」といいます。
　また、語と語が慣習的に連結したものには、「コロケーション（連語）」もあります。例えば、次の絵は「傘をさす」という動作を表しています。

図1　傘をさす

　学習者はこの絵を見て、よく「傘を持ち上げる」「傘をかぶる」などと言いますが、日本語母語話者は「傘をさす」としか言いません。このように、語と語の結合（または共起関係）に一定の制約がある表現をコロケーションといいます。

ここで注意しなければならないことは、慣用句・語結合・コロケーションという三つの間に明確な境界線が引けないことです。例えば、「電話をかける」を語結合とするか、コロケーションとするかは、動詞「かける」の多義性の捉え方によっても変わってきます。「あぐらをかく」は「正座はつらいので、すぐにあぐらをかいた。」という文で使われる場合はコロケーションですが、「その議員は政権の座にあぐらをかき、権力を悪用した」という文では慣用句として使われています。慣用句を語結合およびコロケーションと区別する根拠は、意味の比喩性によります。

　さらに、「人生は旅だ」という表現があります。これは「人生」を「旅」に例えているわけですが、これを「比喩」といいます。比喩にもいろいろな種類があります。この章では、語結合・コロケーション・慣用句と比喩について考えていくことにしましょう。

39 語結合

　「魚を焼く」「焼き餅を焼く」「手を焼く」という三つの表現を考えてみましょう。「魚を焼く」の「焼く」は、「火にあぶって、中まで熱が通るようにする」という意味です。ここでは「焼く」本来の「物に熱、光などを加えて、その性質や状態に変化を起こす」という意味で用いられています。したがって、実質的な意味を持った語「魚」「焼く」と機能語「を」で構成されている「魚を焼く」の全体の意味は、「魚」「を」「焼く」の意味の総和として捉えることができます。これを「語結合」といいます。

40 コロケーション

　一方、コロケーション（連語）は「語と語の慣習的な共起関係」を指します。ここでは「焼き餅を焼く」「意見が合う」「甘い考え」「不退転の決意」のように結合に制約がある一方、全体の意味は個々の語から理解できるものをコロケーションとして考えます。

　「焼き餅を焼く」は「嫉妬する」という意味ですが、「焼き餅」だけでも「嫉妬」の意味があり、この場合の「焼く」は全体を動詞化する機能を果たしているに過ぎません。しかし「焼き餅」と「焼く」の結合は慣習的であるためコロケーションとなります。ただし、「焼く」だけでも「嫉妬する」という意味があり、その点、「焼き餅を焼く」は「汗をかく」や「甘い考え」のような普通のコロケーションとは多少違っているといえます。

　コロケーションを品詞により分類すると、主に次の5種類に大別されます。

　1．名詞＋助詞＋動詞
　　　a. 名詞＋を＋動詞……電話をかける　汗をかく　経験を積む　夢を抱く
　　　b. 名詞＋が＋動詞……電話がかかる　影響が出る　許可が下りる
　　　c. 名詞＋に＋動詞……電話に出る　実行に移す　錯覚に陥る
　2．名詞＋助詞＋形容詞……責任が重い　可能性が高い　酒に強い　地理に明るい
　3．形容詞・形容動詞＋名詞……重い病気　はかない夢　温かな家庭　重篤な症状
　4．副詞＋動詞・形容詞・形容動詞……ぐっすり寝る　一目散に逃げる　極めて遺憾だ
　5．名詞＋助詞＋名詞 …… 赤の他人　不退転の決意

数としては〈名詞＋助詞＋動詞〉が最も多く、その中でも〈名詞＋を＋動詞〉からなるコロケーションが多く見られます。「媚を売る」の「売る」や、「怒りを買う」の「買う」のような動詞は比喩的に用いられており、「連絡をとる」「攻撃をかける」の「とる」「かける」の動詞は実質的な意味が稀薄で、単に文法的な機能を果たすだけの動詞となっています。このようなコロケーションの主な意味は名詞の方にあり、動詞の動作的な意味は副次的なものです。動詞「する」は、その意味では典型的な機能動詞です。

　コロケーションの中には「電話をかける／電話を入れる／電話をする」や、「うそをつく／うそを言う」「損害を受ける／損害を被る」のように動詞を他の動詞と代えることができるものがあります。これらを「ゆるい連語」といいます。逆に、「風邪をひく」「傘をさす」「アポイントメント（アポ）をとる」のように語の結び付きが固定的なものは、「固い連語」といわれます（国広 1985）。

　コロケーションは文法では取り扱うことのできない現象で、どの語とどの語が結び付いてコロケーションをなすかを個々の語の意味や文法規則から予測することは困難です。日本語教育の現場では、学習者の母語が干渉してコロケーションの誤用が生じる場合があります。英語母語話者がよく言う「お風呂をとる」は、英語の"take a bath"の類推からくる誤用だといえます。一つ一つの語を覚えていくのと同様に、各コロケーションをセットとして学習していくことが必要だと考えられます。

41 慣用句

「手を焼く」という表現は、「あの子には手を焼いた」のように「もて余す」という意味を表します。二つ以上の単語の結合が固定していて、全体の意味が個々の語の意味の総和からは出てこない、特別の意味を表すものを「慣用句」といいます。

慣用句は大きく次の三つのパターンに分類することができます。

1. 動詞慣用句……名詞＋助詞＋動詞
   例：顔がきく　お茶を濁す　頭に来る　鼻であしらう　レッテルを貼る
2. 形容詞慣用句……名詞＋助詞＋形容詞
   例：口が軽い　敷居が高い　目がない
3. 名詞慣用句……名詞（＋助詞）＋名詞
   例：猫の額　寝耳に水　瓜二つ

この他にも「泣いても笑っても」のような副詞慣用句などがありますが、最も多く用いられる慣用句は〈名詞＋助詞＋動詞〉からなる動詞慣用句です。中でも「襟を正す」「水をあける」「たかをくくる」のような〈名詞＋を＋動詞〉型が最も多くあります。

なお、次のように、慣用句の意味から動詞の形が制約を受けているものがあります。

1. 受身形をとるもの
   例：気を取られる　後ろ指をさされる　煮え湯を飲まされる
2. 使役形をとるもの
   例：幅をきかせる　花をもたせる
3. 否定形をとるもの
   例：うだつがあがらない　歯に衣を着せない　埒があかない

慣用句は意味の上から、(1)慣用句を構成している二つ以上のそれぞれの語の意味が不明だったり、(2)構成語の一部が慣用句以外では用いられなかったりする場合と、(3)ある程度構成語の意味から慣用句の意味が予測できる場合、それに (4)文字どおりの意味と慣用句としての意味が併存している場合の4種類が考えられます。(1)の例としては、「案の定」「メリハリがきく」などがあり、(2)の例としては、「くだを巻く」「地団駄を踏む」などがあります。(3)の例としては、「手を出す」「頭をかかえる」「顔に泥を塗る」「雀の涙」などがありますが、これらは句全体のもともとの意味の比喩性の程度によるものです。(4)の例としては、「足を洗う」「手を切る」「ピリオドを打つ」などが挙げられます。

　慣用句らしさの程度を調べる方法として、部分的な入れ換え、倒置、部分修飾、敬語化、受身化、使役化、否定への言い換えなどが検査項目として考えられます。

	部分修飾	敬語化	受身・使役化	否定
うつつを抜かす	×	×	×	×
二の足を踏む	×	×	○	△
油を売る	×	×	○	○
首を縦に振る	×	△	○	○

表1　慣用句の程度

　人により多少の差はあるかもしれませんが、おおよそ次のようなことが言えるのではないでしょうか。まず「うつつを抜かす」の場合は、「＊うつつを激しく抜かす」「＊うつつをお抜かせになる」「＊うつつを抜かされる」「＊うつつを抜かさない」のように、4項目とも操作が不可能です。一方、「二の足を踏む」は「＊二の足を強く踏む」「＊二の足をお踏みになる」は言えませんが「二の足を踏まれては困る」「二の足を踏まないこと」などは言えます。「首を縦に振る」は部分修飾だけが不可能です（「キリンが長い首を縦に振る」のように、慣用句ではない場合は可能です）。表の4種類の慣用句に関して言えば、4項目とも×の「うつつを抜かす」が最も慣用句としての固定度が高いといえます。このような検査により、慣用句の分類をしたり、慣用句とコロケーションの区別をしたりすることがあります。

　慣用句を語結合とコロケーションから分ける最大の条件は、意味の比喩性によるといえます。

42 比喩

　「比喩」とは、ある物事を他の物事に例えて表現することです。例えば、「この本は日本語教育のバイブルだ」ということがあります。この文ではなぜ「バイブル」という語が用いられているのでしょうか。一つには適当な語がないからでしょう。あえて表現すると、「この本は日本語教育の分野で最も権威があるとされる書物だ」のように長くなってしまいます。もう一つには、「バイブル」というインパクトがある語を使うことにより、表現効果が高められるためです。「バイブル」はもともと「キリスト教の聖典、すなわち聖書」の意味ですが、それが上のような文においては原義が拡張されて使用されるわけです。これは「比喩的意味」といい、原義からの連想や類推によって生み出されます。

　連想は原義の類似性に基づくものが普通です。類似性はさらに三つに分類されます。

1. 形や位置の類似

　　　例：机の足　釘（くぎ）の頭　針の目　本の背

2. 印象の類似

　　　例：すし詰めの電車　恋の炎　涙の雨

3. 機能・性質の類似

　　　例：解決の鍵　発明の母　一家の大黒柱

　1では人間の身体の部分を表す語が、机や釘（くぎ）などに転用された例です。人間に関係した表現が物に転用される例は、多くみられます。2は「すし詰めのような電車」「炎のような恋」のように、「のような」などの表現を添えて二つのものを直接比較すれば「直喩（明喩）」となり、これらの表現を用いずに「すし詰めの電車」「恋の炎」のように表現すれば、「隠喩（暗喩）」となります。

　最近の認知言語学では、隠喩（メタファー）は言語使用において不可欠な役割

を果たしていると考えられています。隠喩は「人生は旅だ」「あいつは鬼か」のように日常の物事や経験を直接的にわかりやすく例える、身近な比喩の一つです。

「諷喩」は、例えるものだけを言語化し、例えられているものを推測させる方法です。「人生は旅だ」という隠喩の後に、「山もあれば谷もある。天気が良い日も、荒れた日もある」などと続けば、山や谷、天気が人生の出来事であることを推測させるため、諷喩になります。「朱に交われば赤くなる」「あつものに懲りてなますを吹く」などのことわざ全体も諷喩で、特に「寓喩」ともいいます。また『舌切り雀』や『イソップ物語』など、道理などを説くために、ある事柄に例えてする話全体を「寓話」といいます。

直喩・隠喩・諷喩が類似に基づく面から分類した比喩表現であるのに対して、近接的な関係に基づく面から分類される比喩表現に「提喩（シネクドキ）」と「換喩（メトニミー）」があります。提喩は、「お花見」の「花」が「桜」の意を示すように全体で部分を表したり、逆に「酒を飲みに行く」の「酒」ですべてのアルコール飲料を表したりする場合です。一方、換喩はある事物を表現する際、それと関係の深いもので置き換える比喩です。「漱石を読む」というときの「漱石」は「夏目漱石の作品」を表します。これは作品を作者名で置き換えるパターンです。「ユニフォームを脱ぐ」が「引退する」を意味する場合は、手段によって結果を表現する隠喩の例です。

内容上の転換による比喩の分類に、「活喩」や「擬人法」があります。活喩は一般に無生物を生命のあるもののように扱い、また非情物を有情物になぞらえる比喩です。「不気味な風の音は犬の遠吠えのようだった」などが考えられます。擬人法は、人間でないものを人間に例えて表現する方法であり、「その大きな岩は大昔からずっとそこに座り、村の人々を見ていた」などが例として挙げられます。人間は有情物であるため、活喩と同じだと考える意見もあります。

さらに、比喩の中には「穴のあくほど見る」や「掃いて捨てるほどある」「猫の額ほどの庭」の下線を引いた部分のように、それぞれ「強く」「たくさん」「非常に狭い」といった、程度を強調する意味を表すものもあります。

以上で見てきたように、比喩は表現を具体的にイメージさせるレトリック（修辞技法）として重要な役割を果たしています。

なお、慣用句は句全体の意味が構成語の意味の総和からは出てこない特別の意

味を表す（「油を売る」は「油」と「売る」からは「仕事の途中でむだ話などをして怠ける」という意味は出てきません）ものであり、句全体で比喩的意味を表していると考えることもできます。慣用句と比喩は密接な関係にあるといえるでしょう。

タ ス ク

問題1　次の文章を読んで、空欄ア～エに入る最も適当なことばを、それぞれ下の1～4の中から選びなさい。

　慣用句は、一般のコロケーションよりも結合度が高いものだが、「猿も木から落ちる」のような（　ア　）とは違い、歴史的・社会的価値を表すものではない。また、慣用句は受身にならない、修飾語をとらない、などの表現上の制約が多い。例えば、「埒があかない」「二の句がつげない」のように必ず（　イ　）で使われる慣用句もある。さらに「気」などは、「気がひける」「気に入る」「気をつける」など多くの慣用句を作りながら、ほとんど（　ウ　）用法を持たない独特の名詞であるが、先の例のように「気」に動詞がついて多くの慣用句を造る。このように〈名詞＋動詞〉からなる慣用句は最も多く、中でも（　エ　）によって結ばれるものが非常に多い。

ア：	1. ことわざ	2. 故事	3. 熟語	4. 俚言
イ：	1. 受身	2. 使役	3. 否定	4. 敬語
ウ：	1. 付属	2. 自立	3. 比喩	4. 転用
エ：	1. ガ格	2. ニ格	3. デ格	4. ヲ格

問題2　次の1～5の説明に合った慣用句をa～eから選びなさい。

1. 各々の要素からは意味がほとんど感じられず、その句全体から意味が導き出せるもの。
2. その句の文字どおりの意味より、その慣用句的な意味の方が強く感じられるもの。
3. その句の文字どおりの意味も表れるが、同時に慣用句的意味も表れているもの。
4. 句の構成要素である名詞がすでに象徴化して、その上で他要素と結び付いて慣用句を形成しているもの。

5. 句の構成要素の一部に「〜（た）のよう」などの比喩表現の指標を含むことにより、比喩的な表現になるもの。

　　a. 腕を磨く　　　b. 口をとがらせる　　　c. 苦虫をかみつぶす
　　d. 埒があかない　e. 鼻が高い

問題3　次の1〜5の比喩が例えている状態を a 〜 e の中から選びなさい。

1. 木で鼻をくくる　　　2. 芋を洗う　　　　　3. 玉を転がす
4. 鬼の首をとる　　　　5. 竹を割る

　　a. 性質がさっぱりしていること　　　b. 女性の美しく高い声
　　c. 無愛想に応答すること　　　　　　d. 得意な様子
　　e. 混雑している様子

問題4　次の文章を読んで、後の問いに答えなさい。

慣用句には、次のような特徴が認められる。

　　　a　構成要素の結び付きが特殊である。
　　　b　意味上・文法上・形態上の固定性がある。
　　　c　全体で単語と同じように一つの意味を表す。
　　　d　全体の意味を知っていなければ使うことができない。

aは、次の(1)(2)の文を考えてみると明らかになる。

　　　(1)学校へ行く途中道草を食って、遅刻した。
　　　(2)学校へ行く途中昼食を食って、遅刻した。

「食う」は「食物をかんで飲み込む」という意味であるから、その対象としては本来「パン」「果物」などの「食べ物」か、(2)の「昼食」のような単語と共起し、(1)の「道草」とは共起しないはずである。「道草を食う」は全体の意味がx構成

138

語の意味の総和からは出てこない。

　bの意味上の固定性について言えば、「道草を食う」は「途中で他の事をして時間を費やす」という意味だが、[　　A　　]のような自由な語結合と慣用句の両方の意味を持つものがある。bの文法上の固定性の一つに、y受身化も使役化も不可能というものがある。ただし、文法上の固定度の度合いは程度の問題である。

1　下線部xの説明に最も適当なものを次の1～4の中から一つ選びなさい。
　1. 泡を食う　　2. 時間を食う　　3. おいてきぼりを食う　　4. 票を食う

2　空欄Aに入れるのに適当でない句を一つ選びなさい。
　1. 油を売る　　2. あぐらをかく　　3. 足を洗う　　4. 腹を立てる

3　下線部yに当てはまる、最も適当なものを次の1～4の中から一つ選びなさい。
　1. 二の足を踏む　　2. 油を売る　　3. 手を回す　　4. 首を縦に振る

4　次の1～4の慣用句の意味と似ている意味の慣用句を、a～fの中からそれぞれ一つ選びなさい。
　1. あげ足をとる（　　）　　2. 足を洗う（　　）　　3. 肩身が狭い（　　）
　4. けりをつける（　　）

　a. 手を切る　　b. 人を食う　　c. 舌を巻く　　d. ことば尻をとらえる
　e. ピリオドを打つ　　f. 気がひける

解答

問題1 ア：1　　イ：3　　ウ：2　　エ：4

問題2 1：d　　2：b　　3：e　　4：a　　5：c

問題3 1：c　　2：e　　3：b　　4：d　　5：a

問題4 **1**　1

　　　　2　4

　　　　3　1

　　　　4　1：d　　2：a　　3：f　　4：e

解説

問題1　〈名詞＋動詞〉の慣用句には、「あいづちを打つ」「あぐらをかく」「足を洗う」「お茶を濁す」「気を吐く」「下駄を預ける」「高をくくる」「水をあける」「目をつぶる」など、ヲ格によって結ばれるものが最も多い。宮地 (1982) によれば、動詞慣用句の 57% はヲ格、ニ格とガ格がそれぞれ 20% である。

問題4

1　1「泡を食う」は、ひどく驚きあわてるという意味で、構成語の意味の総和からは出てこない。

2　4「腹を立てる」は、怒るの意味だけである。その他は、文字どおりの意味と慣用句としての意味がある。例えば、「油を売る」には「代金を受け取って、油を他人に渡す」という意味と、「仕事を怠けてむだ話をする。また、仕事の途中で時間をつぶして怠ける」という慣用句としての意味がある。

3　1「二の足を踏む」は受身化「二の足を踏まれる」も使役化「二の足を踏ませる」も不可能である。2「油を売る」は「油を売られてばかりいては仕事が進まない」、3「手を回す」は「一足先に手を回されていた」のように受身化することが可能である。4「首を縦に振る」は「やっと首を縦に振らせた」のように使役化することができる。

実 践 タ ス ク

1. 日本語学習者がスピーチ用の原稿を書いてきました。あなたが教師なら、どこをどのように直しますか。

　　みんなさん、こんにちは。これからクラスを代表して、簡単にスピーチをさせていただきます。

　　日本に来て、親切な先生方のおかげさまで、私は皮をむいたと思います。

　　最初、私は、日本語が全然わかりませんでした。左も右もわかりませんでした。でも、先生方はご丁寧に教えてくださいました。本当にありがとうございました。今は、日本人から自分が思わなかった質問をされたときは、すらすらしませんが、前より自信があって答えることができます。とてもうれしいです。

　　日本にいる間、富士山に登ったり、海で泳いだりしました。はじめて雪も見ました。たくさんの経験ができて、今、頭の中に思い出が混んでいます。私はおっちょこちょくてみんなさんに迷惑をさせたかもしれません。でも、私はみんなさんを忘れません。だから、みんなさんも私を忘れないでください。また会える日を楽しみにしています。ありがとうございました。

2. 「少納言」を使って、「鼻が高い」という表現を検索してみてください。集まった用例を見て、「語結合」「慣用句」に分類してみましょう。

小納言　KOTONOHA「現代日本語書き言葉均衡コーパス」
http://www.kotonoha.gr.jp/shonagon/

第 **8** 章

オノマトペ

□ 一般の語とオノマトペの共通点と相違点を考えましょう

□ オノマトペの特徴を把握しましょう

日本語の教師になりたてのころのことです。初級を勉強しているアメリカ人の学習者がいましたが、彼は他のクラスメートに比べ、なぜか会話がとても自然に聞こえました。文型をたくさん使っているわけでもないし、語彙が特別に豊富だというわけでもないのにどうしてなのか、はじめはわかりませんでした。ある日休み時間に、彼が「昨日友達と一緒にビールをガブガブ飲みました」と話しかけてきたのですが、それを聞いてあっと思いました。彼は日本語学習者がマスターしにくい項目の一つとしてあげる「オノマトペ」を頻繁に使うのです。日本語はオノマトペが豊富だと言われていますし、自分でも毎日たくさん使っているのですが、それを使うととても日本語がいきいきとしてくるということを、この学習者を通して新たに認識しました。

　この章では、日本語の表現を豊かにする日本語のオノマトペの特徴を探っていきましょう。

43 オノマトペとは何か

　オノマトペは、外界の音、人や動物の声、物事の状態や動き、人の心理状態などを、音の形を使って象徴的に表す語のことです。「音象徴語」と呼ばれることもあります。音象徴とは、音そのものがある特定のイメージを喚起する現象をいいます。

　オノマトペのうち、「ワンワン」「コケコッコー」のような動物の声や「ゴー」「ピューピュー」「リーン」のような無生物の出す外界の音を表すものを「擬音語」と呼びます（なお、人や動物の声を表すオノマトペを特に「擬声語」と呼ぶこともあります）。一方、「ノソノソ歩く」「ジロジロ見る」「キラキラ輝く」のように動きや状態を象徴的に表す語は「擬態語」といいます（なお、「イソイソ出かけていく」「あまりの美しさにウットリする」のように人間の心の状態を表す語を

特に「擬情語」と呼ぶこともあります）。このように、オノマトペは、大きく擬音語と擬態語に分類できますが、例えば「ゴロゴロ」というオノマトペは、「雷がゴロゴロ鳴る」のように擬音語として用いられる場合だけでなく、「大きな石がゴロゴロ転がっている」のように重いものが転がっている様子や、「日曜日はいつも家でゴロゴロしている」のように何もしないで、ただ時を過ごす様子をあらわす擬態語として用いられる場合もあります。このように擬音語・擬態語の両方に用いられたり、どちらか判断できなかったりする語もありますので、注意が必要です。

　オノマトペは、具体的で感覚的な表現効果を持っているため、マンガや広告文、詩や小説などの文学作品にも多く用いられます。

　戸は<u>がたり</u>とひらき、犬どもは吸ひ込まれるやうに飛んで行きました。その扉の向ふのまつくらやみのなかで、「<u>にやあお、くわあ、ごろごろ</u>。」と言ふ声がして、それから<u>がさがさ</u>鳴りました。
　室はけむりのやうに消え、二人は寒さに<u>ぶるぶる</u>ふるへて、草の中に立つてゐました。

（宮沢賢治『注文の多い料理店』　下線筆者）

　オノマトペは幼児語にも多く現れますが、犬そのものを指して「ワンワン」というように、指示物の声や音、様子を表すだけでなく、指示物そのものを指し示すようになることがあります。一般の語でも、「よーいドン（徒競走のスタートの音）」「チュー（キス）」「コロコロ（掃除用具）」など、オノマトペが特定の意味を表す語に転用されている例は多くあります。また、「ピカいち」「ギックリ腰」「ザアザア降り」などのように他の語と結合して複合語となる例や、「チョロい」「グラつく」「キラめく」「ネバっこい」などのように派生語となる例もたくさんあります。

　なお、この章では擬音語・擬態語をすべてカタカナで表記しますが、一般には擬音語はカタカナで、擬態語はひらがなで書くことになっています。ただし、漢字仮名交じり文の中で擬態語をひらがな書きにすると読みにくくなる場合や、強調など特別のニュアンスを持たせたい場合には、カタカナ書きにすることもあります。最近はカタカナ書きが増えているといわれています。

44 記号と意味の有縁性

「ワンワン」と鳴く動物は、なぜ「ネコ」でも「ネズミ」でも「ヌイ」でもなく「イヌ」なのかといえば、それは日本語でその動物をたまたま「イヌ」と呼ぶ約束になっているからにすぎません。一般に言語の恣意性ということがいわれますが、それは、語形とそれが示す事物・事柄の間にある関係は恣意的にしか決まっておらず、必然的な関係は存在しないということです。これは近代言語学の父と呼ばれるフェルディナン・ド・ソシュール（1857〜1913）によって強調されています。

これに対して、オノマトペの場合、語形と事物・事柄の間にある程度の有縁性が認められます。特に外界の音に似せてつくられた擬音語はより有縁的です。ニワトリの鳴き声は「コケコッコー」、激しく降る雨の音を「ザアザア」と表現しますが、それは現実の音に近い形で語形がつくられているからです。

それならば、なぜ日本語ではニワトリの鳴き声は「コケコッコー」で、英語では"cock-a-doodle-doo"なのでしょうか。日本のニワトリとアメリカのニワトリの鳴き方が違うわけではありません。これは、擬音語といえども、それぞれの言語体系にそって音声化されているからなのです。

｜……　日本語　　　コケコッコー
｜……　英語　　　　cock-a-doodle-doo
｜……　フランス語　cocorico
｜……　スペイン語　quiquiriquí
｜……　中国語　　　喔喔　wō wō
｜……　韓国語　　　꼬끼오　ko ki o

一方、金田一（1978）は、擬態語にもある程度の有縁性が認められるとしています。いくつかの例を挙げてみましょう。

母音

[i]：小さいこと、運動が速いこと　例：キビキビ

[a]、[o]：運動が遅いこと　例：ダラダラ、ノロノロ

[e]：品のよくない形容　例：デレデレ、ヘラヘラ

子音

[k]、[t]：堅いこと　例：カチカチ

[m]：やわらかい感じ　例：モチモチ

[s]：摩擦感　例：ガサガサ

[p]：抵抗感がない、俗語的　例：パラパラ、ピラピラ

[h]：抵抗感がない、文章語的で品がいい　例：ハラハラ、ヒラヒラ

[r]：粘って滑らかなことや流動を表す　例：タラタラ

濁音

[g]、[z]、[d]、[b]：大きいもの、重いもの、鈍いもの、汚いもの

例：ゴロゴロ、ギラギラ

清音

小さいもの、軽いもの、鋭いもの、美しいもの　例：コロコロ、キラキラ

拗音

直音と比べて俗語的で品に欠ける　例：シャラシャラ、ジャラジャラ

なお、一般的な語にいくつかの意味があるのと同様に、オノマトペもいくつかの異なった意味を持つ場合があります。（　）内は、それぞれの文で使われているオノマトペの意味です。

(1) ┌ a. ハラハラと桜が散る。（涙や雨や木の葉などが静かに落ちる様子）

   └ b. ハラハラしながら試合を観戦する。（気をもみ危ぶむ様子）

(2) ┌ a. 蹄鉄を槌でカンカン叩く。（金属や石などの堅い物がぶつかって出す音）

   │ b. 太陽がカンカンに照りつける。（日光が強く照り付ける様子）

   └ c. 父親はカンカンになって怒った。（激しく怒る様子）

オノマトペにはこのような多義性を示すことがあり、具体的な文脈・場面に応じてその意味を理解する必要があります。

45 形態上の特徴

オノマトペの形態に着目すると、次のような特徴を挙げることができます。

(1) 語根は、1音節あるいは2音節のものが大半である
　　例：ツ（と立ち上がる）、フ（と気づく）、プイ

(2) 音をつめると、瞬間性、すばやさ、一回性などを表す
　　例：コロ→コロッ、ペタ→ペタッ

(3) 音をはねると、音の響きのよさや強さ、軽やかさを強調する
　　例：コロ→コロン、クル→クルン、ガチャガチャ→ガチャンガチャン

（4）長音化すると、動作・状態が長い間続いていることなどを表す

例：ドン→ドーン、フワ→フワー

（5）「リ」をつけると、柔らかさ、滑らかさ、ゆっくりした感じを表す

例：コロ→コロリ、ノソ→ノソリ

（6）反復させると、1回だけでなく何度か繰り返すことを表す

例：コロ→コロコロ、ピョン→ピョンピョン

（7）音が一部交替することがある（[a]と[o]の交替が多い）

例：ガサガサ→ガサゴソ、ガタンガタン→ガタンゴトン

（8）清音を濁音にすると、軽やかさから重たさにニュアンスが変わり、そのためマイナスの評価に転じることがある

例：サラサラ→ザラザラ、パタン→バタン

オノマトペとして、特にその種類の多い形態は、「コロコロ」「ザラザラ」のような「ABAB型」です。ついで「ニッコリ」「ポッカリ」のような「AッBリ型」、「コロリ」「グルリ」のような「ABリ型」なども、オノマトペに特徴的な形態であるといえるでしょう。

また、「ガタつく」「グラつく」「フラつく」や「キラめく」「ザワめく」のように、オノマトペの語根に接尾辞「つく」「めく」をつけて動詞化し、そういう動作をする状態になる、そのような様子を表す、などの意味を表すことがあります。

第8章 オノマトペ

46 漢語・外来語のオノマトペ

　これまでみてきたのは和語のオノマトペですが、次のような漢語や外来語のオノマトペもあります。

　1．漢語のオノマトペ
　　　例：滾滾と湧き出る泉、朦朧とする、豪放磊落な性格

　2．外来語のオノマトペ
　　　例：ジグザグの道（英語 zigzag から）
　　　　　チクタク（英語 ticktack から）

　語種という点では、和語のオノマトペが際立って多くみられます。漢語のオノマトペも数多くありますが、外来語のものはわずかです。ところで、中国語には擬音語も擬態語も擬情語(p.145)もそろっているそうですが、擬態語は数が少なく、金田一(1988)によれば、例えば「涙がハラハラと落ちる」を中国語で表現すると「涙流連続不断」となり、擬態語を用いないそうです。

47 英語との比較

　日本語・韓国語をはじめとする東アジアの言語だけではなく、東南アジアや西南アフリカ、さらにはアマゾンの言語にも、オノマトペが豊富な言語があることはよく知られています（窪薗編 2017）。中でも日本語のオノマトペは、その種類の多さ、使用頻度の高さ、造語力の強さなどで際立っています。特に擬態語はオノマトペ全体の3分の2、あるいは4分の3を占めるといわれるほど種類が多くあります。

　なお、日本語では、泣く様子や笑う様子の違いを「オノマトペ＋動詞」で区別することができますが、英語では同じ様子をそれぞれ異なる動詞によって区別します。

例：ワーワー泣く― cry	メソメソ泣く― weep
クスンクスン泣く― sob	オイオイ泣く― blubber
シクシク泣く― whimper	ヒイヒイ泣く― pule
クスクス笑う― chuckle	ニタニタ笑う― grim

　もちろん、英語においても、「雨がザアザア降る」という様子を "to rain heavily" や "to rain cats and dogs" のように「動詞＋副詞（句）」で表現することがありますが、これらの副詞（句）はオノマトペではありません。

48 意味による分類

オノマトペを意味の面から分類すると、次のように大別されます。

(1) 自然現象……カラリ、ギラギラ、ゴーッ、ザーッ、シンシン、ポカポカ

(2) 動物の鳴き声……カーカー、チューチュー、ブーブー、ミーンミーン

(3) 人の声・音……キャアキャア、ワーワー、ワハハハ

(4) 人の動作……グイグイ、サッサッ、スパスパ、テクテク、パクパク

(5) 人の様子・心情……イソイソ、ガックリ、ハッ、ビリビリ、ビクビク、ピ
    ンピン、ムカッ、ワクワク

(6) 人の身体的特徴……ガリガリ、ナヨナヨ、ヒョロヒョロ、ブクブク

(7) 人の健康状態……グッタリ、ピチピチ、ピンピン、フラフラ、ヘトヘト

(8) 物が出す音……ガタガタ、ガチャン、キーッ、トントン、ミシミシ

(9) 物の動き……クネクネ、グルグル、コロコロ、ヒラヒラ、ユラユラ

(10) 物の様態・性質……カチカチ、ゴワゴワ、テカテカ、ドロドロ、メチャメチャ

　物の様態・性質を表す「ドロドロ」は、「鉄がドロドロに熔けている」のよう
に「に」をつけて使う場合と「鉄がドロドロと熔けている」のように「と」をつ
けて使う場合があります。「ドロドロに」はすでに鉄が熔けている状態を表し、
「ドロドロと」はまさに熔けている最中の状態を表します。このように、オノマ
トペに「に」がつくと結果修飾に、「と」がつくと様態修飾になることがあります。
　「オノマトペ+と」形と「オノマトペ+に」形は近い関係にあり、次のような
意味の転化が見られることがあります。

(1) a. 戸をガタガタ（と）開ける。

　　b. 酒の飲みすぎで体がガタガタになる。

(2) a. 障子をビリビリ（と）破る。

b. 障子をビリビリに破る。

　この場合、aは擬音語でbは擬態語です。「〜と」形はオノマトペの大部分に見られますが、「〜に」形は限られたものにしか存在しないことから、aを基本形とし、bを転用した形と考えることができます。また、アクセントはaが「ガタガタ」と頭高型で、bが「ガタガタ」と平板型になります。

49 感覚による分類

　意味による分類と多少重複しますが、オノマトペを感覚に基づいて分類すると次のようになります。

(1) 味覚……コッテリ、トロッ、ヒリヒリ、ピリピリ
(2) 嗅覚……ツン、プンプン
(3) 触覚……ゴワゴワ、サラサラ、スベスベ、ツルツル、ヌルヌル
(4) 視覚(人や物の動きや状態)……サッサ、スタスタ、ブラブラ、ヨタヨタ(人の歩く様子)。アタフタ、オタオタ、ソワソワ、ワクワク(人の状態)
(5) 聴覚……ウォー、ニャーニャー、メーメー(動物の鳴き声)、カーカー、ピヨピヨ、ホーホケキョ(鳥の鳴き声)、オーシンツクツク、スイッチョ、チンチロリン、ミンミン(虫の鳴き声)
(6) 気分・心理状態……ウンザリ、クタクタ、グッタリ、ゲンナリ、ヘトヘト(肉体的・精神的疲れ)。イライラ、ウキウキ、クヨクヨ、ハラハラ(心理状態)

　このうち(1)味覚と(2)嗅覚を表すオノマトペは、種類が極めて少なく、例がほとんどありません。それに反して(3)触覚に関するものは豊富です。これは日

本人が物の感触にこだわる民族であることに起因していると考えられます。また、日本語には(5)聴覚に関する擬音語の中で、虫の鳴き声が目立って多いことと、(6)気分・心理状態を表すいわゆる擬情語が多いことがよく知られています。

50 形態の変遷

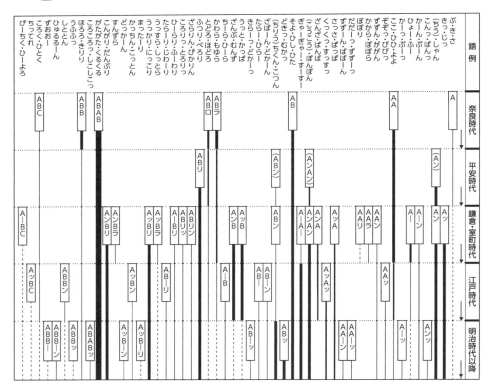

図1　語形の変遷図（山口 2002 より）　＊線の太さはその時代における使用頻度を表す。

前ページの図は、山口（2002）から引用したものです。

　この図からわかるように、奈良時代から現在に至るまで最もよく使われているのは［ＡＢＡＢ］型で、「がたがた」「くるくる」など反復を伴うオノマトペです。「そよ」「ひし」などの［ＡＢ］型（語根）も奈良時代からずっと使われています。鎌倉・室町時代になると、多くの型が現れますが、その中には［Ａッ］型（「じっ」）や［ＡンＡン］型（「ぽんぽん」）など現在も使われているものもある一方、［ＡンＢ］型（「ざんぶ」「むんず」）のようにあまり使われなくなったものもあります。

51 日本語教育における オノマトペ教育の現状

　ここでは、外国人に対する日本語教育におけるオノマトペ教育の現状について見てみましょう。

　日本語学習者が、日本語教材を通してオノマトペに接し、体系的に学習する機会はあまりありません。多くの場合、日本人の友人と話したり、ブログやマンガなど書かれたものを見たりすることを通してその存在に気づくようです。そのため、オノマトペは「面白い」「楽しい」「かわいい」と思いながらも、「難しい」「覚えにくい」という困難さも感じています。筆者は、上級レベルの学習者と次のようなやりとりをしたことがあります。

　　学習者：スーパーにシャンプーを買いに行ったのですが、種類が多くてどれが
　　　　　　いいかわかりませんでした。「サラサラ」と「しっとり」はどう違い
　　　　　　ますか。
　　筆　者：「サラサラ」と「しっとり」は水分量の違いを表しています。「サラサラ」
　　　　　　は髪に水分が少なめでいい人、「しっとり」は多めの方がいい人が使
　　　　　　います。冬は乾燥してるから「しっとり」の方がいいんじゃないかな。

学習者：あっ、「しっとり」は化粧水にも書いてありますね！「しっとり、す
　　　　べすべ」。じゃあ、「すべすべ」のシャンプーもありますか。

筆　者：うーん、「すべすべ」は触ったときの感じがいいことを表すから、髪
　　　　を洗っているときには使うかもしれないけど…髪は見た目の方が大事
　　　　だからボトルに書くなら「髪、しっとりツヤツヤ」かな…

学習者：顔は「しっとりすべすべ」髪は「しっとりツヤツヤ」！　オノマトペ
　　　　がわからないと欲しいものが買えませんね！

　三上（2006）は、オノマトペは「その頻度や重要性に見合うだけの十分な学習
や指導がなされているとは言い難」く、「中級から上級の段階になって急に、新
聞・雑誌、テレビ番組や広告などのメディア、および周囲の日本人の会話などを
とおして数多くのオノマトペに出合い、戸惑う学習者も多いのではないか」と述
べています。上記のやりとりからも、学習者は日常生活の中で頻繁にオノマトペ
がわからず困惑していることがわかります。

　日本語教育においてオノマトペの教育は始まったばかりといえますが、今日、
オノマトペが学べるサイトがいくつか公開されています。いずれも独習できるサ
イトです。

・国際交流基金　エリンが挑戦！にほんごできます
　「基本スキット　マンガで覚えるオノマトペ」
　https://www.erin.ne.jp/jp/

・国立国語研究所　日本語を楽しもう
　https://www2.ninjal.ac.jp/Onomatope/

・首都大学東京　TMUmic-J きらきらオノマトペ
　http://nihongo.hum.tmu.ac.jp/mic-j/KIRAKIRA-material/

　下記サイトでは、教師向けに、マンガを使ってオノマトペを学ぶアイディアを
紹介しています。

・「日本語教育通信 授業のヒント マンガでオノマトペ (擬音語・擬態語) を楽しむ」
　https://www.jpf.go.jp/j/project/japanese/teach/tsushin/hint/201201.html

　オノマトペに興味関心を持っている学習者は多いのですが、オノマトペの教育
は「理解」までにとどまっているのが現状です。第8章のはじめ (p.144) に書い
たように、自然な「運用」に至るまでにはどのような教育をすればいいか、引き
続き考えていく必要があるでしょう。

タ ス ク

問題1　次の(1)～(5)について、【　】内に示した観点から見て、他と性質が最も異なるものをそれぞれ1～5のうちから一つずつ選びなさい。

(1) 【擬態語の動詞の派生】
　1. グラグラ　　2. ウロウロ　　3. ガタガタ　　4. グズグズ　　5. キラキラ

(2) 【擬態語の使い方】
　1. ウロウロ　　2. スタスタ　　3. チョコチョコ　　4. フラフラ
　5. ブラブラ

(3) 【オノマトペの意味】
　1. ハラハラ　　2. ドンドン　　3. ガサガサ　　4. ジリジリ　　5. ズケズケ

(4) 【オノマトペの語種】
　1. カランコロン　　2. チクタク　　3. サラサラ　　4. ピチャピチャ
　5. カチカチ

(5) 【「擬態語＋する」の連体用法】
　1. ガッシリ　　2. デップリ　　3. コッソリ　　4. フックラ
　5. ホッソリ

問題2　次の文章を読み、後の問い **1**～**3** に答えなさい。

　各言語により、オノマトペによって表現する対象に偏りがあるといわれている。例えば、欧米の擬音語には動物の鳴き声が多く、日本語には鳥や（　ア　）の鳴き声が豊富である。また、日本語の擬態語には人の態度を表す（　イ　）、ソワソワ、ボンヤリなどが多く、また、（　ウ　）、イソイソ、ワクワクなど（　エ　）の中で

158

も落ち着かない人の気持ちを表すものが多い。感覚を表す語では、カサカサ、ザラザラなど（　オ　）に関するものが豊富だ。なお、東京方言においては、「手がカサカサになる」のように干からびて、水気や脂気のなくなっている様子を表す場合は語のアクセントは（　カ　）であり、「カサカサと落ち葉を踏む音」のように擬音語として使われる場合は（　キ　）である。

1 空欄ア、エ、オの中に適当な語句を入れなさい。

2 空欄イ、ウに入る擬態語を、次の中からそれぞれ一つずつ選びなさい。
　　イ：1. シンナリ　　2. ウッスラ　　3. ストン　　　　4. キビキビ
　　ウ：1. ドキドキ　　2. ズキズキ　　3. ゾロゾロ　　　4. グングン

3 空欄カ、キに入るアクセント型を次の中からそれぞれ一つずつ選びなさい。
　　カ：1. 平板型　　2. 頭高型　　3. 中高型　　4. 尾高型
　　キ：1. 平板型　　2. 頭高型　　3. 中高型　　4. 尾高型

（問題3）　次の文章を読んで、後の問いに答えなさい。

　オノマトペと一般の語のつながりを考えるとき、動詞とのつながりでは、次のリストのような「うろうろ―うろつく」の類が最も例数が多い。

うろうろ	－	－	うろうろする	うろつく
かたかた	－	－	－	－
がたがた	－	－	がたがたする	がたつく
ころころ	－	－	－	－
ごろごろ	－	－	ごろごろする	ごろつく
にやにや	－	－	にやにやする	にやつく
のびのび	のんびり	のびやか	のびのびする	－
ひそひそ	ひっそり	ひそやか	－	－
まごまご	－	－	まごまごする	まごつく
めきめき	めっきり	－	－	－

「つく」の下接によるこの型の動詞（「ＡＢつく」）は［ＡＢＡＢ］型でないものについては例が見当たらないので、［ＡＢＡＢ］型の（　ア　）したものだと考えられる。［ＡＢＡＢ］という４音節の畳語でも「ジンジン」「ザアザア」のような第２音節と第４音節の「Ｂ」が（　イ　）や母音であるものは「ＡＢつく」はできない。したがって、第２音節が子音（または半母音）で始まる二つの音節からなる語根で畳語形を持つものに限り「ＡＢつく」という五段活用の動詞を造ることができる。この条件を満たし、［　Ａ　］ もので、なおかつどちらかといえばマイナスの評価を持つ［ＡＢＡＢ］が「ＡＢつく」という動詞を造ることができる。このことは［ＡＢＡＢ］型のＡについて清音と濁音が対立して存在する場合、（　ウ　）の方が「ＡＢつく」という動詞を造りやすいことを意味している。これは<u>ｘ一般の語にも一部見られる清音と濁音の対立した場合の評価感情とも合致する。</u>

１ 空欄アに入る適当な語を次の中から一つ選びなさい。
1. 複合　　2. 派生　　3. 転化　　4. 屈折

２ 空欄イに入る適当な語を次の中から一つ選びなさい。
1. 促音　　2. 長音　　3. 撥音（はつおん）　　4. 拗音（ようおん）

３ 空欄Ａの中に入る適当な語句を次の中から一つ選びなさい。
1. 語根「ＡＢ」が名詞を造る
2. 「ＡＢＡＢする」の形を造る
3. 「ＡＢやか」の形を造る
4. 「ＡっＢり」の形を造る

４ 空欄ウに入る適当な語を選びなさい。
1. 清音　　2. 濁音

５ 下線ｘに該当しないものを次の中から一つ選びなさい。
1. たま―だま　　2. さま―ざま　　3. から―がら　　4. ふた―ぶた

解答

問題1 (1) 5 　　(2) 2 　　(3) 5 　　(4) 2 　　(5) 3

問題2 **1** 　ア：虫 　　エ：擬情語 　　オ：触覚

　　　　 2 　イ：4 　　ウ：1

　　　　 3 　カ：1 　　キ：2

問題3 **1** 　2 　　 **2** 　3 　　 **3** 　2 　　 **4** 　2 　　 **5** 　4

解説

問題1

(1) 1～4は、例えば「グラつく」のように接尾辞「つく」をつけて動詞化することができるが、「キラキラ」は接尾辞「めく」はつくが「つく」をつけることはできない。

(2) 2以外は、例えば「ウロウロする」のように「する」をつけて動詞として用いられる。

(3) 「ズケズケ」は「露骨に物を言うさま」という意味しかないが、その他は二つ以上の意味がある。

(4) 2は外来語。英語のticktackから。

(5) 「擬態語＋する」の中には、動的な過程を表さずに単なる状態を表し、形容詞の性格に通じるものがある。3以外は「ガッシリした体格」「全体的にホッソリしている」のように、ほとんど「～した（連体用法のみ）」「～している」の形で使われる。

問題2 　オノマトペは感覚の種類によって偏りがあるといわれている。聴覚から入力するオノマトペは擬声語であるが、ヨーロッパの言語では動物の声が擬声語以外にも動詞などにも多く見られる。これに対して日本語は鳥や虫の声（リンリン、スイッチョ、ミーンミンミン、オーシンツクツク）が多い。視覚からの入力をもととするオノマトペは、人や物事の動き、状態など、目に見えるものを象徴的に表す、文字どおりの擬態語である。これが擬態語の大部分を占めることはいうまでもないが、その中でも日本語は人の様子に関するものが多いことで知られる。キビキビ、ソワソワ、ボンヤリなどがそれである。また、人の気分・心理状態を表すドキドキ、イソイソ、ワクワクなどのいわゆる擬情語に富んでいることも日本語の語彙の特徴の一つといわれる。

問題3 　［ABAB］型のオノマトペに接尾辞がついてできた派生動詞に「ABつく」がある。接尾辞「つく」は、主にオノマトペについてこれを動詞化し、「そういう動作をする状態、そのような様子を示す状態になってくる」意味を表す。しかし、すべての［ABAB］型のオノマトペから「ABつく」の派生動詞が造られるわけではない。例えば、［ABAB］型のBが「ジンジン」のように「ン」の撥音や「ザアザア」のように母音の場合は造られない。Bが「ニヤニヤ」のような半母音や「ウロウロ」のような子音で始まる場合だと

161

造ることができる。以上のような条件を満たし、リストにあるように「ABAB」が「する」と結び付いてサ変複合動詞を造り、なおかつ意味的には「ウロウロ」「ゴロゴロ」のようにどちらかというとマイナス評価を持つものが「ABつく」という動詞を造ることができる。「コロコロ」「ゴロゴロ」を比べればわかるように「ゴロゴロ」の方がマイナス評価を伴う。

　　5「ふた―ぶた」以外のペアは、対立した意味にある。「さま―ざま」は、「さま」が「ちゃんとした体裁。恥ずかしくないかっこう」であるのに対して「ざま」は「みっともない様子をあざけったり、ののしったりしていう語」のように対立しており、「たま―だま」の「たま」は「美しい宝石類や球形をしたもの」の意味であり、「だま」は「小麦粉を水で溶くなどしたとき、よく溶けないでできるぶつぶつのかたまり」の意味で対立している。「ふた（蓋）―ぶた（豚）」はまったく異なるものである。

実　践　タ　ス　ク

1.　①新聞（ある日の朝刊全紙面）／②雑誌／③小説／④ブログ／⑤マンガ の中からオノマトペを抜き出し、どのようなジャンル・内容のときにどのようなオノマトペが使われるか、確認してみましょう。また、オノマトペがある・ないでどのような違いが生じるか考えてみましょう。

2.　日本語学習者が、病気の症状（おなかが○○○○痛い）を説明するときに必要と思われるオノマトペを10種類集め、意味の違いを考えてみましょう。

第9章

語の意味変化

□ 語の意味変化について確認しましょう

□ 語の意味変化の傾向やその原因を考えましょう

何年か前、「今のバイト、おいしいからやめられない」と言った大学生がいました。有名なコピーに「おいしい生活」というのがあったので、意味はわかったのですが、なんとなく耳障りな表現です。そういえば「耳ざわりのいい音」という表現も聞いたことがあります。「みみざわり」は「耳障り」と書くように、本来は「聞いていて不愉快に感じたり、うるさく思ったりすること」なのに、「耳ざわりがいい」とは何事か、と思いました。『現代国語例解辞典　第五版』には「耳障り」の前に「耳触り」が見出し語として載っていて、「聞いたときの感じ、印象」とあり、「本来『耳障り』の意だったが、『手触り』『肌触り』などからの類推でこの語が生まれた」と補注に書いてあります。このように語の意味は時代とともに変化していく場合があります。では、なぜ、どのように、語の意味は変化するのでしょうか。

　時の流れとともに語の意味がその本来の意味である原義から別の意味に変わることを「意味変化」といいます。平安時代の作品である『枕草子』の「うつくしきもの　瓜にかきたるちごの顔。雀の子の、ねず泣きするにをどり来る。（中略）なにもなにも、ちひさきものはみなうつくし」にある「うつくし」は、現在の「ものの色や形また、音色などがよい感じである」という意味ではありません。この時代の「うつくし」はむしろ「かわいい。愛らしい。いとしい」という意味で使われています。上代には「肉親を互いにいとしく思う気持ち」という意味で使われ、平安時代後期以降に「美しい、きれいだ」の意味に変化したといわれています。では、現在の意味での「美しい」は、当時はどのような語で表現していたのでしょうか。「うつくし」が現在の意味「美しい」で用いられるようになった時、その語は共存していたのでしょうか。あるいは、使われなくなったり、他の意味で用いられるようになったりしたのでしょうか。次々に疑問がわいてきます。

　ある時代における語彙の意味体系の中で、ある語の意味の変化は当然他の語にも影響し、新たな意味の体系がつくられることになります。語の意味変化の問題というと、とかく特定の語だけを取り上げて論じられることが多いのですが、むしろ語彙体系全体の中で捉えることが必要です。

　この章では、語の意味変化の原因や一般的傾向を探っていくことにしましょう。

52 語の意味変化の一般的傾向

　具体的な物や動作を表す語は、やがて抽象的な意味に使われることが多いようです。例えば、「赤ちゃんの澄んだ目」の「目」が「冷静な目で見る」のように、「見方・考え方」の意味で使われたり、「胸ぐらをつかむ」の「つかむ」が「固定客をつかむ」のように「確実に捉える」という意味で使われたりする場合です。

　語の意味変化は、語の本来の意味（原義）が広くなる場合と狭くなる場合とがあります。広くなる場合を「一般化（拡大）」、狭くなる場合を「特殊化（縮小）」といいます。

　例えば、「瀬戸物」はもともと「愛知県瀬戸市およびその付近から産する陶磁器」の意味でしたが、現在は広く「陶磁器の総称」として用いられるようになっています。これは一般化の例です。この他にも以下のような例があります。

　　例：

　　挨拶―禅問答のやりとり→人と会った時や別れる時にとりかわす儀礼的なこと
　　　　　ばや動作

　　坊主―僧坊の主→僧侶一般→男の子

　　普請―仏教で、世人の協力を願って大勢が力を合わせて堂塔を建築・修理する
　　　　　こと→土木・建築などの工事

　特殊化の例としては、「さかな」が挙げられます。「さかな」の「さか」は「酒」で、「な」は「菜（＝おかず）」の意味で、酒を飲むときに添えて食べるものを示しましたが、さかな（＝酒のさかな）に魚（うお）を用いることが多かったところから、食用とする魚（うお）、または魚類の総称となりました。他に次のような例があります。

第9章　語の意味変化

165

例：
卵—鳥・魚・虫などが産み、こども・ひながかえるもの→鶏卵
障子—室内の仕切りに立てる建具の総称→明かり障子

なお、特殊化の特別な例として、平安時代「山」といえば固有名詞「比叡山」を指したことなどが挙げられるでしょう。
　一般化は階層関係からいうと、下図のように下位概念から上位概念に移ること、特殊化は上位概念から下位概念に移ることであると考えられます。

図1　一般化と特殊化

　テキ屋や盗人などが「身辺が危ない」という意味で用いていた「やばい」という俗語が、「危ない」の意味で広まったように、一般化は、もともとある特定の集団で使われていた語が広く一般に用いられるようになる場合にも見られます。逆に、特殊化は、広く一般に用いられていた語が特定の集団で特別な意味で使われるようになる場合にも見られます。物をしばったり、つないだりするのに使う「ひも」が、女の人を働かせて金をしぼりとる情夫の意味で用いられるようになったのは、その例です。
　この他、語の意味変化の分類には、原義がよくなったか、悪くなったかという、原義との価値の比較から見たものがあります。例えば、「僕」という語の原義は「男のめしつかい、下男、しもべ」でしたが、明治ごろから書生が一人称代名詞として多用し始め、現在では少年男子の自称詞の一つになっています。また、「果報」の原義は「過去の善悪いずれかの行為の報いとして、後に身に受ける事柄」ですが、「果報者」というと「しあわせ者」の意味であり、「果報は寝て待て」の「果報」は「幸運」の意味であるように、現在ではよい意味だけを指すようになりました。このように本来の原義からよい意味だけを指すように変化することを、「向

上」といいます。

　これとは逆に、本来中立的あるいはよい意味で使われていた語が、よくない意味、あるいは中立的な意味として使われるようになることを「下落」といいます。二人称代名詞「おまえ」は「御前」という漢字を見てもわかるように、もともと同等以上の相手に対する尊敬語でしたが、現在では「同等または目下の相手をぞんざいに、また親愛の情をこめて呼ぶ語」となっています。「女房」も現在は「妻」を指すやや俗っぽい語ですが、もともとは「宮中で部屋をもらって奉仕した、身分の高い女官」を指します。「女房」はその意味が一般化し、それに伴って意味の下落を起こしたのでしょう。この一般化と下落の例のように、意味の変化は部分的に重なりながら起こることが普通です。

53 意味変化の構造

　では、語の意味変化はどのようにして起こるのでしょうか。語の意味が変化するとき、原義と新しい意味（「転義」）との間には、何らかの連想関係が存在している、といわれます。例えば、「びんの口」というのは、「口」の原義から「食物を入れたり、音声を出したりする所」という連想が働いたことによる「転用」の例だと考えられます。

　連想は、そのもととなる語の関連性から「類似性」と「近接性」に分けられ、さらにそれぞれ語義的なものと語形的なものとに分けられます。ここでは語義の類似性と近接性について見ていきます。

　「びんの口」は語義の類似性の例ですが、これは一つには外形上の類似性と機能上の類似性が転用のきっかけになっていると考えられます。他にも、本文の下の方に記す注釈のことを「脚注」といいますが、この転用は「脚」と「本文の下部」の間に見られる位置関係の類似によるものです。この他、「机の足」「椅子の腕」

図2　「口」の原義と転義

「とっくりの首」などのように、人間の身体部位の語は盛んに転用に用いられます。このような類似性に基づく転用は、レトリックでは「隠喩（メタファー）」といいます。（第7章参照）。

　ところで、人間の身体部位に関する語が人間以外のものに転用される例は、日本語だけでなく英語など他の言語にもよく見られます。頭を表す head が、"head of a company"で社長を表したり、"head of the table"でテーブルの上座を表したりするのは、その例です（日本語でも「頭」でリーダーを表すことがあります）。このように、人間が自分を世界の中心においてものを見る、という見方が各言語で共通しているのは、当然のことといえるでしょう。

　さて、「口がうまい」というときの「口」は「物の言い方」という意味です。この場合、「口」と「物の言い方」は類似性の関係にあるのではなく、近接性の関係に基づいていて、「口」から「物の言い方」への転用が生じたと考えられます。

　空間的な近接性としては、「永田町」で「政界」を表したりする例があります。また、「お茶の時間」の「お茶」で「休憩」の意味を表したり、「漱石は全部読んだ」の「漱石」で「夏目漱石の作品」を表したりするのも近接性に基づいた転用の例です。レトリックではこのような例を換喩（メトニミー）と呼びますが、「お花見」の「花」が桜を指すような場合は提喩（シネクドキ）といいます（第7章参照）。これも近接性に基づく転用の例だといえます。

54 意味変化の原因

　では、語の意味変化はどのような原因で起こるのでしょうか。原因はいくつか考えられますが、ここでは大きく言語的原因、社会的原因、心理的原因の三つに分けて考えてみます。

(1) 言語的原因……言語そのものが原因で起こる変化。例えば、「とても」はもともと、条件的にどのようにしてもある結果になる意味を表し、否定的な結果も肯定的な結果も導きました。しかし、「とてもできない」のような否定的表現を伴う用法を経て、やがて肯定的な事柄を導く用い方から「たいへん」という程度の強調を表すようになったといわれています。また「よい運」が「運」、「夏目漱石の作品」が「漱石」になるように、意味が変わらず表現形式が短くなった例などがあります。

(2) 社会的原因……社会制度や文化、風俗、習慣、生活様式などが原因で起こる変化。例としては「駅」や「はなむけ」があります。「駅」は、むかしは「馬・人足・船・宿などを提供するために街道に設けられた場所」の意味でしたが、鉄道が走るようになってからは「列車・電車が発着し、旅客や貨物を扱う施設」となりました。「はなむけ」は現在では「餞別」の意味で用いられますが、もともとは「馬の鼻向け」の略で、「旅立つ人の馬の鼻をその行く先に向けて安全を祈ること」でした。また「車」の原義は「車輪」で、さらに「車輪が回ることによって進む、物や人を運ぶ機械」となり平安時代には〈牛車〉を、江戸時代には〈荷車〉、明治・大正時代には〈人力車〉を指し、現代では〈自動車〉を指すようになっています。

(3) 心理的原因……連想やタブー、相手に対する配慮などが原因で起こる意味変化。結婚式の閉会の際、「お開き」という語に終わりの意味を持たせたり、

第9章　語の意味変化

169

商家などで「する」が財産などを「する」に通じるのを嫌い、「すり鉢」を「あたり鉢」といったりする例などがあります。この二つの例は忌詞（第10章参照）といわれるものです。

　意味変化は、複数の原因が重なって起こることもあります。例えば、「こだわる」の意味変化は社会的原因と心理的原因が重なったもので、意味変化の一般的傾向としては意味を向上、一般化させたものだと考えられます。「こだわる」はもともと、「わずかなことに理屈をつけて文句をいう」という意味でしたが、やがて「つかえる、障る」という意味と、「気にしなくてもいいようなことを気にする」の意味が加わります。そのうち、「つかえる」という意味では用いられなくなり、もっぱら「気にしなくてもいいようなことを気にする」の意味で用いられるようになります。さらに、1980年代以降は、「本物へのこだわり」「住まいへのこだわりを深める」のように、それまでのマイナス評価の意味ではなく、「細かいところにまで注意を払う」というプラスの意味でも用いられるようになりました。その原因は、生活に忙しく、また目新しいものを追いかけていたために、細かいところにまで気を使うことは否定的に捉えられていた時代から、めまぐるしい時代の変化に飽き、逆に細部の丁寧さを求める心理が生じたところにあると考えられます。「細かいところにまで気を使う」ということが、一転してよい意味合いを持ち始めるようになったのでしょう。こうした価値観の変化が、「こだわる」の意味変化をもたらしたものだと考えられます。

55 意味変化の方向性

　ここまで、語の意味がさまざまな原因で変化する様子を見てきましたが、意味の変化は決して勝手気ままに起こるものではなく、そこには一定の方向性があります。

　身体語彙が人間以外のものに転用されやすいということはすでに述べましたが、場所を表す表現にもよく転用されます。例えば「一番前」という意味の「先頭」には「頭」が、「道路の両はしの部分」の「路肩」には「肩」が使われています。さらに場所を表す表現「前」「後」は「以前」「以後」「長男が生まれる前後に」のように時間表現に転用されます。場所表現は、さらに「本を読んでいるところだ」のように動作の進行・継続を表す場合にも、また「営業中」のように状態を表す場合にも用いられます。

　このように意味の転用には〈人間〉→〈もの〉→〈場所〉→〈時間〉→〈動作の過程〉→〈状態〉という方向性が見られます。

　異なる感覚の間で平行性が感じとられることを「共感覚」といいますが、これについても同じようなことがいえます。例えば、「明るい色」は、「明るい」と「色」はともに視覚に関係するので、〈視覚〉→〈視覚〉という結び付きです。一方、「渋い色」のように〈味覚〉→〈視覚〉という結び付きも、「暖かい色」のように〈熱感覚〉→〈視覚〉という結び付きも、また「柔らかい色」のように〈触覚〉→〈視覚〉という結び付きも可能です。感覚は、〈視覚〉〈聴覚〉〈嗅覚〉〈味覚〉〈熱感覚〉〈触覚〉という順序で感覚の高さに順列があるといわれています。上の例のように、低い感覚から高い感覚への転用は可能ですが、「暗いにおい」（〈視覚〉→〈臭覚〉）、「やかましい味」（〈聴覚〉→〈味覚〉）のように、高い感覚から低い感覚の転用は通常ありません。感覚同士の関係は、図３のように示されます。このような共感覚的な表現の方向性は、異なる言語間でも共通する傾向が見られるといわれています。

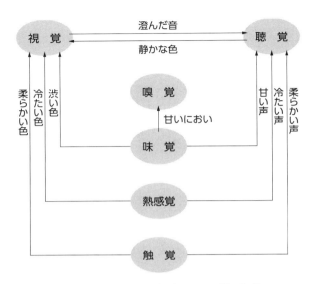

図3 共感覚的な表現（池上1996 を基に作成）

56 文法化現象

　語の意味変化は長い時間をかけて起こりますが、それに伴い語の機能まで変化することがあります。「文法化現象」もその一つです。文法化とは、もともと語彙的な意味を持っていた語が、次第に文法的な機能を果たす語として変化していく過程をいいます。

　例えば、現在は「風邪気味」の「気味（ぎみ）」は「困惑気味」「押され気味」「太り気味」のように「そのような様子、傾向にあることを表す」という意味の接尾辞としてよく用いられます。しかし、明治・大正時代は「風邪の気味（きみ）」「何となく疲労したような気味」「少し落ち着いた気味」のように「いくらかそ

の傾向にあること。傾向」という意味で、名詞としての「気味（きみ）」の方が、接尾辞「―気味（ぎみ）」の用例数をはるかに上回っていました。ところが、昭和期に入ると、接尾辞としての「―気味（ぎみ）」の使用例が急激に増加します。名詞「気味」は上の例のように必ず修飾成分を伴って用いられるので、統語的にも意味的にも接尾辞になる条件を備えていたといえますが、本来は語彙的な意味を持っていた名詞です。ところが、徐々に名詞性が稀薄化し、接尾辞化が進んでいったわけです。その過程で「気味（きみ）」から「気味（ぎみ）」へと濁音化による変音現象や、ひらがなによる表記「―ぎみ」などが現れました。これらも、文法化（この場合は接尾辞化）が進んだ証拠といえるでしょう。他にも例えば、格助詞の「へ」は名詞「辺」から変化したものであるといわれています。また、「学問について」「バッハによって」の「ついて」「よって」などの「複合辞」も、もともとは動詞「つく」「よる」の連用形に助詞「て」がついたものですが、現在は動詞性を失っており、ひとまとまりの複合辞として捉えるのが普通です。これらも文法化現象の例といえるでしょう。

第9章 語の意味変化

173

タ ス ク

問題 1　次の語の中で原義の他に、1〜5のように変化した意味をもつもの
を、a〜jの中から選びなさい。

1．抽象化した語義をもつもの
2．一般化（拡大）した語義をもつもの
3．特殊化（縮小）した語義をもつもの
4．価値の向上した語義をもつもの
5．価値の下落した語義をもつもの

a．台風の目　　b．挨拶　　c．女中　　d．さかな　　e．果報　　f．妻
g．瀬戸物　　h．傷口　　i．僕　　j．貴様

問題 2　次の文章を読み、後の問い**1**、**2**に答えなさい。

　「便所」を指す単語は「お手洗い」「かわや」「雪隠」「トイレ」などとたくさん
ある。これは英語でも同じで、"water closet" はもともと「（水洗の）小部屋」で、
"bathroom" は「浴室」の意味である。(water) closet は「便所」の狭い形が、「小
部屋」と似ていることからの転用だと考えられ、bathroomは、西洋の家では「便
所」と「浴室」が一緒になっていることが多いためだと考えられる。連想関係か
ら言えば、前者は（　ア　）に基づくもので、後者は（　イ　）に基づいたもので
ある。

1　空欄ア、イに適当な語を入れなさい。

2　"water closet" と同じ関係にあるものを次の中から選びなさい。
　a．河口　　　b．おやつ　　　c．ボルドー　　　d．赤帽

解答

問題1　1：a、h　　2：b、g　　3：d、f　　4：e、i　　5：c、j
問題2　**1**　ア：類似性　イ：近接性
　　　　2　a

解説

問題1　「目」はもともと「光・色などを感受して脳に伝達する感覚器官」の意であるが、
　　　a.「台風の目」という場合の「目」は「中心にあるもの」の意で用いられる。また、h .「傷口」
　　　ももともと「傷のついた部分」であるが、「いまさら、古い傷口には触れないでほしい」
　　　のような場合は、「隠しておきたい欠点や過去のあやまち」の意味で用い、どちらも本
　　　来の意味ではなく抽象化しているといえる。「妻」（「夫」とも書く）はもともと「配偶者」
　　　の意味で、夫婦や恋人が互いに相手を呼ぶ称だった。

問題2

2　「河口」は河が海や湖に流れ込む部分をいうが、これは「口」が飲食物をとり込む様子
　　　からの転用である。

実 践 タ ス ク

1．次の例文に見られる転義を考え、どのような連想関係からそのような意味が
生じたのか考えてみましょう。

（1）パンの耳をスズメにあげる。
（2）話の腰を折られると気分が悪い。
（3）あの温泉は、最寄り駅から先の足がないと行きづらい。
（4）彼を救うため、あらゆる手をつくすつもりだ。
（5）借金の返済に追われて、今月も首が回らない。

2．野球の専門用語は意味が拡張されて日常生活でもよく使われています。下に
挙げた語を使って、例のように野球用語を使った例文を作り、その意味を考え
てみましょう。

例：「トップバッター」
　　　　紅白歌合戦の曲順が決まりました。白組のトップバッターはSMOP です。
　　　　　　　　　　　　　　　　　　　　最初にある行為をする人
「サウスポー」
「四番」
「ピンチヒッター」
「直球」
「セーフ」

コラム 2

大男

そもそもは
紀元前
中国は周の時代の
身の丈一・八メートルを上回る
立派な体躯の男であった

ゆえに
健康にして頑強
頼りになることを彼は意味した
したがって
「間違いない」「確かだ」という
場面にも現われた　　＊1

さらには
「問題がない」「心配がない」という
場合にも現われるようになった　　＊2

問題はないか
心配はないか
安否を気遣うときには
首をかしげた彼が
やってきた　　＊3

気遣うのみならず
援助を申し出るときにも
彼は首をかしげて
尋ねた　　＊4

さほど困っていない人は
やはり彼を持ち出して
心配にはおよばないこと
援助や配慮は不要であることを
あらわした　　＊5
屈強の大男は
「ありがたいが、要りません」
のシンボルとなった

するとこんどは
「要りませんか」と尋ねる場合に
首をかしげた彼が出現　　＊6
古い者たちには
意味が通じなかった

変わり果てた彼の姿に
尋ねられた人々の多くは
心の中で首をかしげ
彼を奇異な目で見た

彼はもう
昔の彼ではない
大きく強く頼りになって
何の不安もないことを意味した
周王朝のあの男は
西暦二〇〇〇年代の初め
「必要ない」を意味する
ネガティブな存在に
仕立てあげられていた　　＊7

可哀想な
大丈夫

――――語彙練習・「大丈夫」篇
　　　西暦二〇〇八年現在、「大丈夫」は
　　　「いいえ結構です」に取って代わる
　　　勢いを見せている。

＊1　ドイツの車なら大丈夫だ
＊2　日本の車でも大丈夫だ
＊3　（転んだ人に）大丈夫ですか
＊4　水は大丈夫ですか
＊5　ペットボトルがありますから、大丈夫です
＊6　（弁当を買った客に）お箸は大丈夫ですか
＊7　（勧められたものを断って）大丈夫です

久野　麗（2008）『五十音の練習曲集　作品1』（土曜美術社出版販売）より

第 **10** 章

語彙と社会

- □ 位相語の特徴について確認しましょう
- □ 語彙を社会・文化との関連から把握しましょう

ことばは社会・文化を映す鏡だといわれています。若いころは、その意味がよくわかりませんでしたが、最近本当にそうだと思います。男女平等が叫ばれるにつれ、男ことばと女ことばも近付いてきているように感じます。また、インターネット上のブログや掲示板、TwitterやInstagram、LINEなどのSNS上では、書きことばが話しことばに近付き、言文一致はこのようなところから完成されていくのかと考えたりします。敬語の誤用なども頻繁に取りざたされますし、新語や流行語の変遷を見るとなおのこと時代というものを感じざるを得ません。

　「言語は社会・文化とともにあり、また社会・文化は言語とともにある」と言われています。音声・音韻、語彙、文法、文字・表記の中でも、語彙は最も強くその時代を反映します。この章では、語彙を社会・文化との関係で捉えていきます。

57 位相

　ことばは同じ時代においても、それを使う人の性、年齢、階層、職業、地域、集団などによって違ってきます。また、同じ人が相手や場所、話題などの場面によって異なったことばを用いることもよくあります。このような現象を「位相」といい、それに基づく言語上の差異を「位相差」といいます。位相や位相差のあり方は、いうまでもなく、日本社会の構造や日本人の意識、考え方、文化などと深く関係しています。

　位相は音声、文法、語彙に見られ、特に語彙の面に端的に現れます。位相差を反映する特有な語彙を「位相語」といいます。

　位相差は社会的、心理的な要因によって生じます。例えば、女性語は女性らしさを求められる社会的な要因と、女らしくあろうとする女性の心理的要因によります。位相語は、一方で若者語などに見られるように集団の仲間意識や連帯感を

象徴するものでもあり、その集団の特異性を誇示するために「職業語」「集団語」などが存在する場合もあります。また、警察や反社会的集団など特別な集団では、情報の秘匿を目的とした「隠語」もあります。

58 女性語・男性語

　日本語は男女の間で使用することばの相違（性差）が著しい言語だといわれています。ここでは、女性だけが用いる（女性が主に用いやすい）語を「女性語」、男性だけが用いる（男性が主に用いやすい）語を「男性語」ということにします。ただし、最近は言葉の性差が小さくなる傾向にあります。

　現代でも女性語・男性語の区別が比較的はっきりしているものとして、人称代名詞・感動詞・終助詞などを挙げることができます。特に小説や映画・ドラマなど、創作された会話の中では、このような違いが出やすい傾向にあります。登場人物の性格をより際立たせるために、あえて誇張したような女性語・男性語が使われることもあります。

男性	女性
うわ、たいへんだぞ。	あら、たいへんよ。
おい、何を食べようか。	ねえ、何を食べましょうか。
ほう、それは困ったな。	まあ、それは困ったわ。
お互いに気をつけようぜ。	お互いに気をつけましょうね。

　人称代名詞については、「俺」「僕」は男性が主に使い、「あたし」は女性が主に使うといえます。「わたし」や「わたくし」は女性が主に使う、と考えるのは誤りで、演説やスピーチなど、かしこまった場面では男性・女性の両方が使いま

第10章 語彙と社会

181

す。一般的に、丁寧な文体や固い場面では、ことばの性差は小さくなります。

　女性語の特色としては、丁寧な表現や婉曲的な表現が多いといわれています。「お客・お酒・お金・お風呂・お正月・お弁当」などの接頭辞の「お」の多用もその例でしょう。また、「おひや」「おなか」などの語は、室町時代宮中の女官たちの間で用いられた女房詞が、現在まで残っている例です。なお、女房詞には独特の造語法があります。一つは「おでん（田楽）」「おひや（冷や水）」のようにもとの語の２拍の短縮形に接頭辞「お」をつけたものです。また、もとの語の語頭１拍に「―もじ」をつける「もじ言葉」といわれるものもあります。「しゃもじ（杓子の「しゃ」＋もじ）」「かもじ（髪の「か」＋もじ）」「すもじ（寿司の「す」＋もじ）」などがその例です。これらの語の中には「おでん」「おかず」「おひや」「しゃもじ」のように、女性語ではなく一般通用語になったものもあります。

　この他、「おやじ」「おふくろ」「ぶんなぐる」などはほとんど男性しか使わないとか、男性は「食う」「うまい」を、女性は「食べる」「おいしい」を使う、といった比較がされることもありました。しかし、最近は男女差が縮まり、特に若い女性の中には男性が使うとされていた語を使う人も増えてきており、反対に男性の中にも女性がよく使う語を使用する人もいて、両者の対立は少なくなりつつあります。

59 集団語

　「集団語」は、特定の社会集団や特定の専門分野において使用される特徴的な語彙です。仕事の必要上、また集団の構成員同士の効率を高める目的で使われる「職業語」「専門語」と、特に若い世代の集団内での秘匿性や仲間意識を高めるために生まれた「若者語」に分類することができます。

　職業語は主として、その職業に従事している人たちの、仕事の上で必要な語彙

が自然発生的にできて定着したものです。一方、専門語は職業に限らず、芸術、スポーツ、コンピューター、服飾、料理などのそれぞれの専門分野の伝達効果を高めるために必要な語彙として造られたものです。学術用語もこの中に含まれます。

職業語

　職業語とは、同じ職業に従事する人たちが、業務を円滑に行うために共有している、他の職業には見られない固有の語のことをいいます。これには、猟師の「またぎことば」や、木こりや炭焼きに従事する人の使う「山ことば」、漁師や船乗りの「沖ことば」などがあります。また、身近なところでは料理屋の語として、「むらさき（醤油）」、「おてもと（箸）」、「お冷（客に出す水）」、「あがり（食後に出すお茶）」、「お愛想（勘定）」などがあります。また、すし屋の「トロ」「ガリ」「ヒカリモノ」「ゲソ」などもあります。

　また、集団内の秘密保持の目的から、「隠語」や「符牒」が用いられることもあります。反社会的集団の世界で使われることばに「サツ（警察）」「ムショ（刑務所）」「ナオン（女）」「シャテイ（舎弟）」などがあります。市場の競りで、販売者同士が価格などを伝えるために用いる数の符牒は有名です。また、デパートなどで客の前で言うことをはばかる「トイレに行く」という表現を、店員同士だけに通じる「奥に」などの表現で伝えるのも隠語の一種です。

専門語

　専門語は、「意味や内容が専門的・厳密に限定されていることば」、「特定の専門分野において特別につくられたことば」です。専門語には法律用語や宗教用語、また哲学や数学、言語学など同じ専門分野の人が用いる学術用語も含まれます。専門語は、専門分野の人たちの間ではわかりやすくても、他の分野の人たちや一般の人々には難解な場合や、その意味が一般の意識からずれる場合があります。「ものもらい」は医学用語で「麦粒腫」といい、「盲腸」を「虫垂炎」、「虫歯」を「齲歯」というのは、これらの例です。また、原語が同一であっても、専門分野によって異なった翻訳語が生じることがあります。例えば、英語の constant

は、数学・物理学では「常数」、化学では「恒数」、工学では「定数」、経済学では「不変数」と訳されます。

　現代のように生活様式が等質化し、情報化が高度に進展すると、職業語や専門語は位相語にとどまることなく、一般のことばとして広まる傾向が強くなります。一方、難解な漢語や外来語、アルファベット語、専門語などが氾濫すると、社会における言語問題を引き起こす原因になります。

若者語

　現代において集団語の代表的なものに、「若者語（若者ことば）」があります。米川（1997）は、若者語を使用する人は中学生から30歳前後の男女で、仲間内で用い、使用目的は会話促進・娯楽・連帯・イメージ伝達・隠蔽（いんぺい）・緩衝・浄化などであるとしています。そして、「きしょい（気持ち悪い人や物についていう）」「ジミー（地味な人）」「象足（女性の足首が太くてくびれのない足）」「自己中（自分勝手）」など、人を評価する語（特にマイナス評価の語）が多いとしています。「パンキョウ（一般教養）」「ソツロン（卒論）」「カテキョ（家庭教師）」など、いわゆるキャンパスことばも若者語に含まれます。その上で米川は、若者語を、規範からの解放を求めて、個人の自由を叫ぶ若者の心の反映であり、また情報があふれ、アイデンティティーを喪失した社会の産物ではないか、としています。

忌詞（いみことば）

　位相語の特殊な例として、「忌詞」があります。忌詞は、不吉な連想を想起させることから使用が避けられる語、またはその代用として用いられる語をいいます。例えば、結婚式などのおめでたい席では、「出る」「切れる」「離れる」「終わる」「去る」などの語は避けられます。そのために結婚式を閉会することを「終わる」とは言わず、「お開きにする」といいます。「死ぬ」を「なくなる」というのもこの例にあたります。また商売をしている人々の間では、「梨」は「無し」を連想するため「アリノミ」と、「するめ」の「する」を避けて「アタリメ」と、それぞれ言い換えられます。忌詞はタブーの意識に基づくものであり、どの言語にも存在します。後述する「差別語」も、この中に含まれます。忌詞は古くは伊

勢神宮などで用いられてきた斎宮の忌詞が有名です。神宮という立場から、「仏」を「なかご」、また「経」を「染紙」というように、仏教や寺院に関する語を他の語に言い換えた例がみられます。

60 地域差

　日本各地の方言を、地域差による位相と捉える見方があります（方言を位相に含めない考え方もあります）。この考え方に基づくと、日本語の中で位相差が最も顕著なのは、方言です。方言は音韻・語彙・文法を含んだ、ある地域社会で用いられる言語体系全体を指します。ここでは方言の語彙について見ていくことにします。

　ところで、「『ばってん』は九州地方の方言だ」とか「『はんなり』は京阪地方の方言だ」というように、ある地域に特有な単語を「方言」ということがあります。しかし、上で述べたように、方言をある地域社会で用いられる言語体系全体と定義した場合は、限られた地域でしか用いられない「ばってん」や「はんなり」のような語彙は方言と呼ばず、「俚言」と呼ぶことがあります。

　中部地方の日本アルプスのあたりを境として、大きく東西の対立が見られるものがあります。図1は「明明後日」をなんと言うか調べたもので、西日本では「シアサッテ」系が、東日本では「ヤノアサッテ」系が、それぞれ使われています。

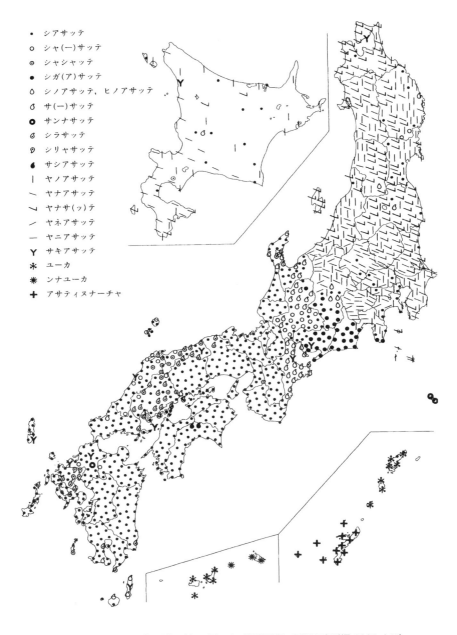

図1 「しあさって（明明後日）」の言い方（尚学図書・言語研究所編 1991 より）

61 話しことばと書きことば

　話す場面と書く場面で使われる語彙には違いがあります。これは話しことばと書きことばの次のような特性の違いから生じるものです。

　　話しことば—聴覚に訴える。瞬間的・感覚的・情熱的・時系列的
　　書きことば—視覚に訴える。永続的・思考的・論理的・総覧的

　話す場面といっても私的・公的に分けられ、公的な場面ではより書きことばに近付きます。また、書きことばといっても、SNSでやりとりされる「おしゃべり文体」の書きことばは、話しことばに近い性質を持ちます。このように両者の間にはっきりとした境界線は引きにくいものですが、一般には、日本語の話しことばと書きことばはかなりの隔たりを持っているといえます。

　話しことばの使用語彙は、書きことばに比べて、次のような特徴があります。無論、これらの特徴は、話をする場面によって変わってきます。

　　1.　漢語の使用が少ない
　　2.　指示詞の使用が多い
　　3.　感動詞・間投助詞の使用が目立つ
　　4.　終助詞の使用が目立つ
　　5.　敬語の使用が目立つ

　次に、日常の会話などに用いられる動詞と、主に文章に現れる動詞との対応を示しておきます。一般的には、話しことばには和語が多く、書きことばには漢語が多く用いられる傾向があります。

第**10**章

語彙と社会

	話しことば	書きことば
寺を	建てる	造営する
荷物を	運ぶ	運搬する
仕事に	とりかかる	着手する
試合に	負ける	敗れる
書類を	配る	配布する
税金を	しぼりとる	搾取する
事態が	もつれる	紛糾する

表1　話しことばの動詞と書きことばの動詞

　また、話しことばと書きことばの対立が際立っているものに、接続の表現があります。例えば、逆接の意味を表す接続詞は、下の例のように上から下へいくほど、くだけた話しことば的なものから改まった書きことば的なものになっています。田中 (1999) は、現代日本語の接続表現は、うちとけた会話で使うものから、かたい文語的な文章に使うものまで、文体上の段階差をもって発達しているとしています。

話しことば的

　　　▲ 確かに失敗した。けど絶望はしていない。
　　　　 確かに失敗した。だけど絶望はしていない。
　　　　 確かに失敗した。けれども絶望はしていない。
　　　　 確かに失敗した。しかし絶望はしていない。
　　　▼ 確かに失敗した。しかしながら絶望はしていない。

書きことば的

62 敬語

　話し手（書き手）は、聞き手（読み手）と話題の人物・聴衆の属性や、年齢・地位などから見た上下関係、お互いの親疎関係・立場など、さまざまな観点に応じてことばを使い分けます。これを「待遇表現」といいます。待遇表現には、丁寧な言い方の「敬語」と中立の言い方の「通常語」、ぞんざいな言い方の「卑語」があります。

　企業内の敬語の使用・意識の実態調査を行ったものに杉戸（1979）があります。現在でも同じような傾向が見られる、興味深い調査です。「わかった。すぐ行く」というときの「行く」の部分について、男性の主任45名が各職階に対してどのような語を用いるかを調査したもので、図2はその結果をまとめたものです。

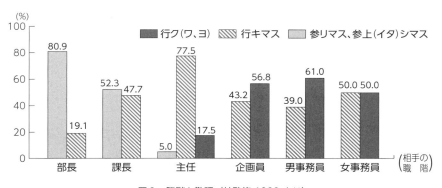

図2　職階と敬語（林監修 1982 より）

　自分より上位の部長には80.9％が「参ります」などを使いますが、課長には「参ります」が52.3％、「行きます」が47.7％となっています。そして、同等の主任には「行きます」を、下位の企画員・事務員には「行く」を用いる割合が高くなります。職場内の敬語は、上位の職階の人にはより丁寧で、反対に職階が下がるにつれて丁寧さが低くなるという結果になっています。

面白いことに、女性の事務員に対しては男性の事務員に対するよりも「行く」が少なく、「行く」(50%)と「行きます」(50%)が同じ割合になっています。このことから、ことばの使い分けは職階だけでなく、性差も要因として働いていることがわかります。

敬語使用に関しては、相手との上下関係だけでなく親疎の関係も重要な基準であるとされています。当然、疎遠な人には丁寧に、親しい人にはぞんざいに言うという一般的な傾向があります。余談ですが、このため、夫婦喧嘩が深刻になればなるほど、夫婦の会話には敬語の使用が増えることになります。

敬語は、従来、「尊敬語」「謙譲語」「丁寧語」の3種類に分けられていましたが、2007年に発表された文化庁文化審議会による「敬語の指針」では、「謙譲語」を「謙譲語Ⅰ」と「謙譲語Ⅱ（丁重語）」に、「丁寧語」を「丁寧語」と「美化語」に分け、全部で5種類に分類されています。

5種類		3種類
尊敬語	「いらっしゃる・おっしゃる」型 相手側又は第三者の行為・ものごと・状態などについて、その人物を立てて述べるもの。 ・いらっしゃる、おっしゃる、なさる、召し上がる、お使いになる、御利用になる、読まれる、始められる、お導き、御出席 （立てるべき人物からの）御説明 ・お名前、御住所 （立てるべき人物からの）お手紙 ・お忙しい、御立派	尊敬語
謙譲語Ⅰ	「伺う・申し上げる」型 自分側から相手側又は第三者に向かう行為・ものごとなどについて、その向かう先の人物を立てて述べるもの。 ・伺う、申し上げる、お目に掛かる、差し上げる、お届けする、御案内する ・（立てるべき人物への）お手紙、御説明	謙譲語
謙譲語Ⅱ （丁重語）	「参る・申す」型 自分側の行為・ものごとなどを、話や文章の相手に対して丁重に述べるもの。 ・参る、申す、いたす、おる ・拙著、小社	
丁寧語	「です・ます」型 話や文章の相手に対して丁寧に述べるもの。	丁寧語
美化語	「お酒・お料理」型 ものごとを、美化して述べるもの。	

表2　敬語の一覧（「敬語の指針」より）

この他、「わたくし ― 俺様」「あなたがた ― おまえら、てめえら」「あげる ― つかわす・とらす」といった丁寧語と尊大語の対応や、「いらっしゃる ― 来る ― 来やがる」「おっしゃる ― 言う ― ぬかす」のような敬語・通常語・卑語の対応をもつものがあります。

63 新語・流行語

　世界は、科学技術を筆頭に、政治・経済・社会・生活などあらゆる分野でめまぐるしいほどに変化し続けています。日本もその例外ではありません。そのような変化の中では、当然、新しい事物や新しい概念を表現するための「新語」が必要となり、次々に造られます。「流行語」もまた、時代の中で次々に生まれ、そして消えていきます。新語や流行語はその時代の世俗を最も強く反映し、同時にその時代の人々の考え方をも映し出しているといえます。

　新語は、新しい事物や概念に対してだけでなく、これまであった事物や概念に対しても新しく語形を変えることで造られます。多くの新語が発生する理由として、次の4項目を挙げることができるでしょう。

1. 新しい事物や概念が生じたため
   例：電子マネー、ビットコイン、スマートスピーカー
2. 社会的話題にのぼった語や有名人の言動が広まったため
   例：#Me Too、ボーっと生きてんじゃねーよ！、スーパーボランティア、災害級の暑さ
3. 斬新な語や聞こえのいい語を歓迎するため
   例：癒やし、ハーフハーフ

4. ことば遊びの感覚を取り入れるため

例：卒婚、終活、いみふ

　一方、流行語は、その時代に応じて社会を風刺したり、斬新・奇抜で爆発的に人々に使われたり、印象的で人々が共感したりして、社会の中で流行することばです。「インスタ映え」のように新語が流行語になる場合もあれば、「忖度」のように古くからある語が何らかの理由で流行語になる場合もあります。流行語の発生の理由は、新語と違い、きわめて偶発的です。

　表3は、「現代用語の基礎知識」選ユーキャン新語・流行語大賞による2014年から2018年にわたる5年間の大賞とトップテンです。

	大賞	トップテン
2018	そだねー	eスポーツ、（大迫）半端ないって、おっさんずラブ、ご飯論法、災害級の暑さ、スーパーボランティア、そだねー、奈良判定、ボーっと生きてんじゃねーよ！、#Me Too
2017	インスタ映え 忖度	インスタ映え、忖度、35億、Jアラート、睡眠負債、ひふみん、フェイクニュース、プレミアムフライデー、魔の2回生、〇〇ファースト
2016	神ってる	神ってる、ゲス不倫、聖地巡礼、トランプ現象、ＰＰＡＰ、保育園落ちた日本死ね、（僕の）アモーレ、ポケモンＧＯ、マイナス金利、盛り土
2015	トリプルスリー 爆買い	アベ政治を許さない、安心して下さい、穿いてますよ。、一億総活躍社会、エンブレム、五郎丸（ポーズ）、ＳＥＡＬＤs、トリプルスリー、ドローン、爆買い、まいにち、修造！
2014	集団的自衛権 ダメよ～ダメダメ	ありのままで、カープ女子、壁ドン、危険ドラッグ、ごきげんよう、集団的自衛権、ダメよ～ダメダメ、マタハラ、妖怪ウォッチ、レジェンド

表3　新語・流行語大賞トップテン

（流行語は単語だけでなく、句や文にわたるものも加えたもの）

　流行語は、「忖度」（2017年に起こった森友学園問題の際、国会の証人の発言から）や「ボーっと生きてんじゃねーよ！」（NHKの番組「チコちゃんに叱られる」から）のように、政治家や有名人、タレント、作家、CMによって造られるこ

とが多いため、テレビをはじめとするマスコミを通じて広範囲に、急速に広まります。これは新語も同様ですが、特に流行語は意味があってないような感覚的なものなので、一瞬のうちに発生して広まり、そして一瞬のうちに消えていくものが多いようです。さらに近年では、TwitterやInstagram、LINEなどSNSの普及により、特に若者の世代では、新語や流行語の類があっという間に広まるようになりました。

64 差別語

　言及された人に差別を感じさせたり、不快を感じさせたりすることばを「差別語」といいます。1970年代に被差別部落に関する蔑称に端を発した差別語問題は、1980年代に入りさらに高まりを見せました。1981年の「国際障害者年」を目前に、1980年には厚生省が「不具」「廃疾」「おし」「つんぼ」「めくら」の5語を廃止し、次のように改めています。

> 不具・廃疾 → 障がい
> おし → 口がきけない者
> つんぼ → 耳が聞こえない者
> めくら → 目が見えない者

日本聖書協会も、『聖書』の中で何度か差別用語の改訂を行ってきています。次のAは1954年発行の『口語　新約聖書』の「マタイによる福音書」15章31節からの抜粋、Bは1987年発行の『聖書　新共同訳』の、同じ部分です。

　A：群衆は、おしが物を言い、不具者が直り、足なえが歩き、盲人が見えるよ

うになったのを見て驚き、そしてイスラエルの神をほめたたえた。

B：群衆は、口の利けない人が話すようになり、体の不自由な人が治り、足の不自由な人が歩き、目の見えない人が見えるようになったのを見て驚き、イスラエルの神を賛美した。

「らい病」と訳されていた「レプラ」を1997年の新共同訳の新約聖書においてもすべて「重い皮膚病」に改めていましたが、2018年発行の『聖書　聖書協会共同訳』では、「規定の病」に変えてあります。また、新共同訳で53回用いられていた「はしため」は「仕え女」になりました。

日本は1985年に「女子差別撤廃条約」を批准し、また1986年より「男女雇用機会均等法」が施行されました。それに関連し、女性に関する用語や表現の見直しがあり、「女中」は「お手伝いさん」に、「女工」は「女子従業員」に、「老婆」は「老女」に、「出もどり」「オールドミス」は差別語の規制対象となりました。また、「女のくせに」「女の腐ったような」という表現も差別表現とされ、新聞・放送では避けられるようになりました。

この他、職業関係では、「掃除夫→清掃作業員」、「炭鉱夫→炭鉱労働者」「スチュワーデス・スチュワード→キャビンアテンダント・客室乗務員」「看護婦・看護士→看護師」「保母・保父→保育士」に言い換えられるようになりました。その他にも、「後進国→発展途上国」などの例があります。

1980年代にアメリカでは性差別、人種差別から差別語の問題が浮上し、今では職業、地位や身体的特徴など言及された人が不快を感じる可能性のあるすべての場合にまで拡大しています。このように、差別や偏見を取り除くために、政治的な観点から見て正しい用語を使うことを「ポリティカル・コレクトネス」といいます。代表的な例として、次のようなものがあります。

  chairman → chairperson → chair
  old people → senior citizens

なお、アメリカでは、

  broke（破産した）→ financially challenged
  fat（太った）→ horizontally challenged

のような言い換えがあるといわれていますが、ここまでいくと「ことば狩り」に近くなり、本来の目的から外れていくように感じられます。差別語の問題は、究極的には、その語を使う人の意識や態度の問題であるといえるでしょう。

タ ス ク

問題1 次の文章を読んで、後の問い**1**～**3**に答えなさい。

話し手の違いや場面の違いによって、同じ内容を指す場合でもさまざまなことばのバリエーションがある。このような現象を（　ア　）といい、それぞれに特有の語を（　イ　）という。（　ア　）は音韻や文法についても認められるが、とくに語彙に顕著である。この中にはx性差・年齢差・y職業の別、z地域差によるものなどがある。

1 空欄アとイに適当な語を入れなさい。

2 下線部x、y、zに該当する例を1～4の中から選びなさい。
1. 刑事→デカ　2. おとうさん→おやじ　3. 足→あんよ　4. 寒い→しばれる

3 下線部xが顕著に見られる品詞を三つ挙げなさい。

問題2 下線部x、 y、 zに該当する語をa～fの中から選びなさい。

柳田国男は新語を新物新語と旧物新語の二つに分けた。x旧物新語とは、名称の入れ替わりによる新語である。一方、新物新語は事物が新たに登場したために必要上造られた語である。これにはさらにy事物自体が新しいものとz以前からあったものに新たに着目して命名される場合がある。

a. ＣＤ　　b. ライフライン　　c. ひきこもり　　d. トイレ　　e. クローン
f.（女性の）生理

問題3　次の文章を読んで、後の問い **1**〜**4** に答えなさい。

次に示すのは、女子大生同士の会話である。

A　ちょっと、うざくないあの宿題？
B　うん、超うざい。
A　やってるー？
B　ぜんっぜん。
A　やばいよねー。やんなきゃ。
B　うん。
A　そうだよね。やっぱ。
B　だめだよ。そういえば、去年、あのC子がFだったんだって。
A　えっ、それ、まじ？

この短い会話の中にも若者語がたくさん使われている。語彙に関しては「う
ざったい」「やばい」「やっぱ」などがある。「[　　A　　]」などのような省略
形や「ぜんっぜん」の（　ア　）などがそれである。
このような若者語は若者が（　イ　）で使うものであって、目上の者や初対面
の人などには使わない。そういう意味で若者語は x 集団語の一種である。つまり
地域の人々が（　ウ　）と共通語を使い分けているのと同様に若者も使い分けて
いるのである。

1　空欄Aに入る語句を会話の中から探しなさい。

2　ア〜ウに適当な語句を入れなさい。

3　下線部 x の集団語には若者語の他にどのようなものがあるか答えなさい。

4　若者語はどのような目的で使われるか考えなさい。

問題1 1 ア：位相　イ：位相語
　　　　2 x：2　y：1　z：4
　　　　3 人称代名詞、感動詞、終助詞
問題2 x：d, f　　y：a、e　　z：b、c
問題3 1 やんなきゃ、（Fだったん）だって、やってる、やっぱ、まじ
　　　　2 ア：強調形　　イ：仲間内　　ウ：方言
　　　　3 職業語　専門語　など
　　　　4 会話の促進・娯楽・連帯・イメージ伝達・隠蔽・緩衝などの目的で使う

問題2　xは、縁起の悪いことや忌むべきものごとを口にするのを避けて、別のことばで表したり、婉曲(えんきょく)的に表現することから発達したものである。「便所」は不浄な場所のためにさまざまに名称をかえることで有名である。「かわや・雪隠・はばかり・手洗い・洗面所・ＷＣ・トイレ」などの語を次々に生み出してきた。女性の生理についても同じようにさまざまな語がある。zの「ライフライン」は電気・ガス・水道など、生活にかかわる物質の補給（路）をいうが、この単語ができる前はこれらをまとめて表す適当な語がなかった。「ひきこもり」という現象も以前からあったが、このような状態の若者が増え、注目されるようになり、この語ができた。

実 践 タ ス ク

1. 知らずに使っている語や表現が実は方言だったいうことがあります。下記
   ウェブサイトにアクセスし、鑑定してみましょう。

   「出身地鑑定!! 方言チャート」（ジャパン・ナレッジ内）
   https://ssl.japanknowledge.jp/hougen/index.php

2. アニメやマンガに出てくる日本語が学べるウェブサイトに、「アニメ・マン
   ガの日本語」があります。このサイトの中の Expression By Scene ⇒ School
   を開いてください。シーンごとに、「女性語」「男性語」「若者語」「職業語」「専
   門語」「話しことば特有の言い方」を探してみましょう。

   「アニメ・マンガの日本語」
   http://www.anime-manga.jp/

コラム3

役割語

　「役割語」という言葉を聞いたことがありますか。役割語ですから、そういう語彙のグループがあるのだと思う人もいると思いますが、役割語は語彙だけのことを指すわけではありません。

　「役割語」の提唱者である金水敏氏は、「役割語」を次のように定義しています。

　ある特定の言葉づかい（語彙・語法・言い回し・イントネーション等）を聞くと特定の人物像（年齢、性別、職業、階層、時代、容姿・風貌、性格等）を思い浮かべることができるとき、あるいはある特定の人物像を提示されると、その人物がいかにも使用しそうな言葉づかいを思い浮かべることができるとき、その言葉づかいを「役割語」と呼ぶ。

　p.181でみたような女性語・男性語も役割語だという人もいますが、筆者は日本語にはやはり女性語・男性語はある程度存在すると考えています。

　『ヴァーチャル日本語　役割語の謎』の冒頭にある「役割語の世界への招待状」に、テストがあります。皆さんもやってみてください。

問題　次のa～hとア～クと結びつけなさい。

a	そうよ、あたしが知ってるわ（　　　）	ア　お武家様
b	そうじゃ、わしが知っておる（　　　）	イ　（ニセ）中国人
c	そや、わてが知っとるでえ（　　　）	ウ　老博士
d	そうじゃ、拙者が存じておる（　　　）	エ　女の子
e	そうですわよ、わたくしが存じておりますわ（　　　）	オ　田舎者
f	そうあるよ、わたしが知ってるあるよ（　　　）	カ　男の子
g	そうだよ、ぼくが知ってるのさ（　　　）	キ　お嬢様
h	んだ、おら知ってるだ（　　　）	ク　関西人

私たちは、a～hの言葉づかいから、すぐにそれらしい人物を思い浮かべることができます。例えば、「そうじゃ、わしが知っておる」という言葉づかいからは老博士を、「そうですわよ、わたくしが存じておりますわ」ならばお嬢様を、すぐに想起します。そのような言葉づかいを「役割語」と呼ぶわけです。特に映画やドラマ、マンガなどでは、登場人物の性格を特徴づけるために、多少誇張した言葉づかいが見られます。まさに「役割語」だといえます。

　ただし、役割語は、現実の日本語と一致する場合もありますが、全く違っている場合が多いと金水氏は述べています。確かに、日常の中で、bのように話す老博士にも、eのように話すお嬢様にも、お目にかかったことはありません。「ヴァーチャル日本語」の所以です。

金水　敏（2003）『ヴァーチャル日本語　役割語の謎』（岩波書店）より一部抜粋

第 **11** 章

辞書とコーパス

□ 辞書の歴史や現代の辞書について考えましょう

□ コーパスとその役割について理解しましょう

「ご専門は何ですか」と聞かれて、「語彙です」と答えると、何人かの人に必ず「辞書ですか、大変ですね」と言われます。語彙といえば辞書と考えるのもある意味では当然かもしれません。なぜなら語の数を考えるとき、必ず国語辞典にどのくらいの語が収録されているだろうと考えるからです。

　ところで、辞書には国語辞典だけでなく、漢和辞典もあれば、語源辞典、アクセント辞典、単語を末尾から引く逆引き辞典というのもあります。どのような辞書が昔からあったのでしょうか。現在のような五十音順の国語辞書はいつごろにできたのでしょう。日本の古辞書の歴史も調べてみると、興味深いものです。

　日本語教師は現在の国語辞典をはじめとするさまざまな辞書や語彙表を知っていると、仕事をする上で大変役に立ちます。学習者に「いい辞書があったら教えてください」とか、「日本語能力試験N1に合格するためにはどんな語彙を知っていなければいけないのですか」などと質問されたときに、その学習者にあった辞書や語彙表が勧められるようになることが必要です。

　また、最近はさまざまな「コーパス」が利用できるようになりましたが、学習者から「日本人がよく使うフィラーを調べたいのですが、どのようなコーパスを使えばよいですか」と聞かれたときに、適切なコーパスを勧めることができるようになるためにも、最新のコーパスについての知識も必要になります。

　このように言語の研究にとっても、語学教育にとっても重要な資料である辞書やコーパスですが、『日本国語大辞典　第二版』には、次のようにあります。

辞書：①ことばや文字をある観点から整理して排列し、その読み方、意味などを記した書物。外国語辞書・漢和辞書・国語辞書などを含めていう。国語辞書の中には、普通のもの以外に、百科辞書や地名辞書・人名辞書、また、時代・ジャンル・作品などを限ったもの、各分野別に専門用語を中心に集めたもの、方言・隠語・外来語など語の性質別にまとめたもの、表現表記に関するものなど、内容上多くの種類がある。辞典。字引。字書。字典。

コーパス：言語研究のために集積された一群の資料。個別言語や、ある作家のテキスト、母語話者の発話記録などを網羅的に集めたもの。言語資料体。

　なお、辞書には「書物」とありますが、現在では電子辞書などもありますし、

ウェブ上のgoo辞書やWeblio辞書、また、スマホの出現とともに冊子の辞書を電子化し、スマホ端末での閲覧を可能にしたアプリケーションもあります。

　この章では、日ごろ何気なく引いている辞書や最近よく耳にするコーパスについて考えてみることにしましょう。

65 平安時代から江戸時代までの辞書

　日本語における辞書の歴史は、平安時代（9世紀中ごろ以降）に、中国の『玉篇』に倣った現存する日本最古の漢字の辞書である空海編の『篆隷万象名義』に始まります。また、同じ平安時代のものとして、9世紀末から10世紀初頭に成立した昌住撰の『新撰字鏡』は、漢字2万1,000字の字音や意義を漢文で記し、また万葉仮名表記で上代の語を多く含んだ和訓を記した漢和辞典というべきものや、10世紀前半に成立した源順の『倭（和）名類聚抄』があります。この本文は漢語に語義分類を施し、それに音注や典拠をつけ、さらに和訓を万葉仮名でつけたものです。

　その後、院政期から鎌倉時代（12世紀末）にかけては漢字を部首によって分け、漢字には字音と和訓を数多く加えた『類聚名義抄』が、また12世紀後半には、単語がイロハのどの音で始まるかにより分類し、さらに意味分類したもので、最古のイロハ引きの国語辞典『色葉字類抄』が現れました。

　室町時代（14世紀後半〜16世紀後半）には、江戸時代を通じてたびたび改訂増補され広く流布した、日常語の用字・語釈・語源をイロハ順に配列した国語辞書である『節用集』や、日常的な語や書物を読むときに必要な語彙を意味によって部門別（天地・時節・人倫など）に分類した国語辞書の『下学集』が15世紀半ばに成立しています。

　江戸時代（1603〜1867）になると、17世紀初頭にイエズス会宣教師の編による

第11章　辞書とコーパス

205

日本語・ポルトガル語対訳辞書『日葡辞書』が刊行されました。これは3万2,800余の語を集めて、ポルトガル語で語義を説明し、当時の話しことばを中心に方言・歌語・文章語・女性語などを集めたものです。また、18世紀後半には谷川士清が、古語、雅語、俗語を集め、五十音順に配列した国語辞書『和(倭)訓栞』を著しました。

66 明治時代以降の辞書

　近代の国語辞書は、大槻文彦の『言海』(1889 - 1891) に始まります。収録語数は約3万9,000語で五十音順に配列されているこの辞書の特色は、発音・語別・語源・語釈の整備された辞書として編集されたことや、語釈は(一)(二)(三)のように語義・分類を行ったことにあります。

　『言海』をはじめとし、近代的国語辞典に大きな影響を与えた辞書に、J.C.ヘボン編の『和英語林集成』(1867) があります。これは2万7,000語の和英辞典に1万語の英和語彙集をつけた日本最初の和英辞典であり、索引として英和対訳辞書を持ちます。優れた内容なので版を重ね、国語辞書の編集にとって大きな指針となりました。明治時代の語彙を多く集めていて語彙資料としても評価が高いです。なお、ヘボン式ローマ字は第3版から用いられています。

　大正時代 (1912〜1926) には、松井簡治の『大日本国語辞典』(1915-1919) が完成していますが、この辞書は古代から現代にいたるまでの図書から見出し語とする語を選び出し、用例も収集し、その上で意味を記述しているため語釈が正確です。

　昭和時代 (1926〜1989) の初めには『大言海』(1932-1937) が刊行されました。これははじめ大槻文彦により『言海』を増補する形で始められましたが、大槻が途中で世を去ったため、新村出らにより続けられました。語源や語釈の丁寧な説明に特色が見られます。

67 現代の辞書

　大規模な漢和辞典に諸橋轍次の『大漢和辞典』があります。4万9,000余の漢字を収めていますが、中国・清の康熙帝の時（1716）に成立した『康熙字典』の大きな影響の基につくられたもので、日本の古辞書とは異なります。

　国語辞典は、小中学校の国語教育用のものと、高校生から一般社会人の使用を前提として編集されたものに大別されます。後者を収録語数から分類すると、まず45万語もの規模を持つ『日本国語大辞典』全20巻（1972 小学館）という、現代語、古語、固有名詞、百科語などを収載した超大型辞書があります。この改訂版として、2000年から2002年にかけて『日本国語大辞典　第二版』が刊行されました。新項目数を5万語増補し、50万項目、100万の用例を収録しています。この辞典は日本で最大規模の国語辞典です。

　これは別格として、一般社会人向けの国語辞典は収録語数により大体次の三つのグループに分けることができます。〈 〉内は、収録項目数を表します。

(1) 大型国語辞典……20万語以上
　古語から現代語まで幅広い分野にわたる語を載せている。国語辞典と百科事典を併せたような辞典。
　『大辞林　第三版』（2006 三省堂）〈23万8,000〉
　『大辞泉　第二版』（2012 小学館）〈25万7,000〉
　『広辞苑　第七版』（2018 岩波書店）〈25万〉

(2) 中型国語辞典……15万語
　『新潮国語辞典　現代語・古語 第二版』（1995 新潮社）〈14万500〉

(3) 小型国語辞典……6万〜8万語
　現代語を中心に編集されたもの。

『明鏡国語辞典　第二版』(2010 大修館書店)〈7万〉

『岩波国語辞典　第七版　新版』(2011 岩波書店)〈6万5,000〉

『旺文社国語辞典　第十一版』(2013 旺文社)〈8万3,000〉

『現代国語例解辞典　第五版』(2016 小学館)〈7万1,000〉

『新明解国語辞典　第七版　特装青版』(2017 三省堂)〈7万5,000〉

　『日本国語大辞典』をはじめとして、多くはその語の原義か、また最も古い語義、用例から記載して順次後世の語義、用例を挙げていくという方針を採用しています。これに対して、(1)の大型国語辞典の中でも『大辞林』などは現代語優先主義を採っています。(2)の中型国語辞典に属する『新潮国語辞典　現代語・古語』は、万葉集以後の代表的な古典にある語をすべて採録しており、また新しい語も採られています。この辞典の特色は、和語はひらがなで、漢語と外来語はカタカナで書き分けられていることです。(3)の小型国語辞典のうち『新明解国語辞典』は、語義を使用頻度順に挙げ、また女性語・老人語・漢語的表現などの位相についての注記が施されている点など、他の辞典には見られない試みがなされています。また、『現代国語例解辞典　第五版』は主な類義語セットの意味・用法の差を類語対比表によって示しています。「深い感動を与える」「感動に浸る」のように共起する語を知る上でも便利です。また、使い方や用法に迷いやすい語について、コーパスの検索結果をグラフにまとめるなどしたコラム欄は斬新だといえるでしょう。

　中学校を卒業した人の理解語彙は約4万語だと言われていますが、この数より多くの項目が載っていない国語辞典は用をなさないことになるため、小型のものでも6万から8万語を載せていることになります。反面これだけの数の語を載せている辞書ならば、通常の社会生活の中で十分であることになります。

　一般の国語辞典とは性質を異にする辞典として、基礎的な約2,000の和語について意味論・文法論的な観点から意味を分析・記述した森田良行(1989)『基礎日本語辞典』(角川書店)や、小・中・高の国語の教科書に出現し、かつ日本語教育の面からも用例が必要だと思われる1万7,500語に、自然で平易な例文をつけた林史典他編(1992)『15万例文・成句現代国語用例辞典』(教育社)があります。なお、『基礎日本語辞典』には、その中から特定のテーマに絞って語彙を集めた『気持ちをあらわす「基礎日本語辞典」』(2014)、『違いをあらわす「基礎日本語辞典」』

(2014)、『思考をあらわす「基礎日本語辞典」』(2018)、『時間をあらわす「基礎日本語辞典」』(2018)が角川ソフィア文庫から出版されています。また、小泉保他編(1989)『日本語基本動詞用法辞典』(大修館書店)は、基本的な動詞728項目について文型を示し、これに対応する語義を載せ、例文を提示するだけでなく、受身形になるか、使役形をとるかなどの文法情報や、否定・過去条件などの語形などについても表示しています。

　日本語学習者用の辞典も、何冊か出版されています。以下、次の4冊を紹介します。

(1) 文化庁編(1990)『外国人のための基本語用例辞典　第3版』大蔵省印刷局
(2) にほんごの会企業組合編(2011)『新訂　日本語を学ぶ人の辞典—英語・中国語訳つき』新潮社
(3) 国際交流基金日本語国際センター編(2004)『基礎日本語学習辞典　第二版』凡人社
(4) 吉田正俊・中村義勝編(2001)『(新装版)ふりがな和英辞典』講談社インターナショナル

　(1)は、基本的な約4,000語について解説し、豊富な用例を盛り込んだ辞典です(現在は手に入りにくくなっています)。(2)は、1万1,000語を収録しており、語釈もやさしく、用例も豊富です。英語と中国語の訳がついています。(3)は、初級段階の学習者用の辞典です。2019年2月現在、第一版・第二版を併せて16言語版が世界各国で出版されています。第二版の見出し語は精選した約3,000語で、語例や用例にはすべてローマ字がついており、また、漢字にはふりがながついています。第二版には、英語・スペイン語・ルーマニア語・アラビア語・タイ語・ラオス語版があり、見出し語を新規に追加し、使用頻度の低い語を削除し、用例に変更を加え、見出し語をローマ字からひらがなに変更している点が第一版と異なります。(4)は、1万6,000語を収録。漢字にはふりがながついています。例文も約5万と豊富で、その語が持つニュアンスについても英語で解説がされています。

　日本語学習者用の辞典は、初級、中級、上級の各レベルに応じた日本語辞典、あるいは日本語外国語辞典が必要ですが、現在のところそれらが完備しているとはいいがたい状況です。

最近急増している初等・中等教育における日本語学習者用の辞典は、当然一般成人向けの辞典とは異なるはずですが、現段階ではほとんど存在しません。これらの辞典の作成は急務だと考えられます。

　国際言語である英語は、学習者数も非常に多く、英語学習者のための英英辞典の編集もさまざまな点において進展しています。今後、日本語学習者のための優れた日日辞典の作成が待たれるところです。

68 シソーラスと『分類語彙表』

　意味の概念に基づいて語彙を分類・配列した語彙集を「シソーラス」といいます。シソーラスという語は、1852年に出版されたP. M. ロジェのThesaurus of English Words and Phrasesに由来します。これは英語の語彙を六つのカテゴリーに分け、1,000項目にわたり整理したもので、その後版を重ね、ドイツ語、フランス語、スペイン語などにも適用されました。この本はある語の関連語、類義語、反義語などが集められていて、表現のために役立てるのが基本的な使い方になっています。

　国立国語研究所による『分類語彙表』は、日本語の基本的な語彙約3万2,600語を意味に基づいて分類したもので、1964年に出版されました。ここに登録されている語は、『現代雑誌九十種の用語用字』調査で使用度数の高かった語や、阪本一郎（1958）『教育基本語彙』などから選んだ合計3万2,600語で、基本的な語彙はほとんど含まれていると考えられます。『分類語彙表』の組織は、表1のように4類11項目からなり、さらに下位区分が施されています。日本語で最初の科学的な語彙表だといえます。

1. 体の類	2. 用の類	3. 相の類	4.その他
1.1 抽象的関係	2.1 抽象的関係	3.1 抽象的関係	
1.2 人間活動の主体			
1.3 人間活動―精神および行為	2.3 精神および行為	3.3 精神および行為	
1.4 生産物および用具物品			
1.5 自然物および自然現象	2.5 自然現象	3.5 自然現象	

表1　『分類語彙表』の組織

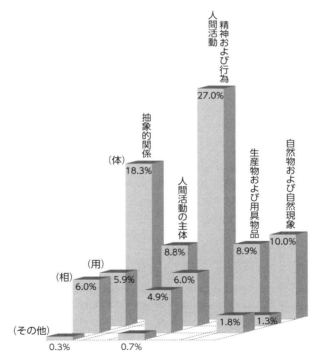

図1　「分類語彙表」の語彙量・品詞論的分類と意味（林監修 1982 より）

　『分類語彙表』は、1. 体の類で名詞の仲間、2. 用の類で動詞の仲間、3. 相の類で形容詞の仲間というように、品詞による大分類をしています。図1は『分類語

彙表』の語彙量の体・用・相の品詞論的な分類と意味による分類です。

　体の類の細分類「1.1 抽象的関係」から「1.5 自然物および自然現象」は柱が高く、合計すると73％となり、大きな比率を占めていることがわかります。それでも現代雑誌九十種の調査結果と比べると、名詞の割合が少なく、「2. 用の類の動詞類」や「3. 相の類の形容詞類」が多くなっています。これは前述のとおり、高頻度語を採ったことと、教育基本語彙を採ったことによるといわれています。

　意味の細分類を見てみると、柱の最も高いのは27.0％の「人間活動—精神および行為」で、ついで「抽象的関係」が18.3％、「自然物および自然現象」が10.0％を占めています。日本語には心情を表す語彙や雨をはじめとする自然現象を表す語彙が豊富だといわれますが、図1により日本語の意味の世界の一端がわかります。

　表2は「1.300　心」の項の記述です。それぞれの項には、同じ意味分野の類義語や反義語が集まっていることがわかります。

```
*心身　*心（こころ・しん）　*精神　心神　物心（ものごころ）
*心理　全身全霊
心中　胸中　衷心　心事　微衷　苦衷　胸襟　逆鱗
*気　*意識　正気　人ごころ　気絶　失神　喪失　自失　虚脱
放心　無我　虚心　坦懐　虚（.3062）　神がかり　無心　無念無想
*元気　空元気　*意気　血気　正気　活気　英気　覇気
*精（せい）　精気　気合　活　意気地　客気　惰気
*根（こん）　根気　精根　気骨
胆　度胆　度胸　糞度胸　肝胆
*魂（たましい）　大和魂　闘魂　負けじ魂　商魂　ファイト、闘志（.3045）
気魂　気概（.3041）　意気込み（.3041）　根性（.3003）
童心　幼な心　若気　稚気　*気質（.3003）　鼻っぱし（.3041）
```

表2　「1.300　心」の項の記述　（『分類語彙表』より）

　なお、2004年には『分類語彙表　増補改訂版』が出版されました。収録総語数は9万6,000語で、付録のCD-ROMからテキストデータが得られます。

　類義語を集めた辞典には、『類語国語辞典』（1985 角川書店）や『使い方の分かる類語例解辞典』（1994 小学館）、『類語大辞典』（2002 講談社）や『三省堂類語新辞典』（2005 三省堂）などがあります。それぞれの分類方法により、類義語が体

系的に集められています。『使い方の分かる類語例解辞典』では例文や複合語例
などが多く掲載され、実際の使われ方から類義語の意味や用法の違いが理解でき
るようになっています。随所にある対比表も具体的な例文によってニュアンスの
違いが対比して捉えられるようなっていて、有用です。日本語学習の過程におい
ても、中級以降になると類義語の微妙な意味の違いが問題になりますが、その際
に類義語辞典の利用は有効です。

69 コーパス

　辞書を編集するためには、用例の収集が欠かせません。国語辞典の編集者は、
日々、どのような言葉がどのような意味で使われているのかをチェックし、新
語の登場や語の意味の変化に目を光らせています（用例収集といいます）。一方、
イギリスでは、1990年代以降、辞書の編集に「コーパス」を活用するケースが
増えています。言葉の用例を大量に収集したコーパスの中から膨大な数の用例を
収集し、それを意味の記述や掲載する用例に活用するわけです。

　1994年にイギリスで開発された"BNC"（British National Corpus）は、書きこ
とばを9,000万語、話しことばを1,000万語、合計1億語を収録した、イギリス英
語を代表する大規模コーパスです。2001年には、BNCに基づく書きことば・話
しことばの語彙頻度リストが出版されています（Leech et al. 2001）。

　また、1987年に初版が出た『Collins COBUILD English Language Dictionary』
は、コーパスを本格的に活用して編集された初めての学習用英語辞典で、以降、
多くの英語辞典や文法書がコーパスを積極的に導入しています。現在のコリンズ
社は、45億語から成るCollins Corpusを辞書編集に利用しているといわれていま
す。また、2000年以降は、日本で出版されている英和辞書にも、コーパスを利
用する動きが広がっています。辞書の編集にとって、今やコーパスは欠かせない

第11章　辞書とコーパス

213

存在になっているといえるでしょう。

　日本でも、国立国語研究所による組織的な語彙調査などにおいて、大規模な言語資料が作成されてきました。これらは、現在の視点で見ればコーパスと呼べるものでしたが、調査の終了後は「お蔵入り」となり、それらが公開されたり再利用されたりすることはほとんどありませんでした。2000年代に入ってからは、国立国語研究所を中心にさまざまな日本語コーパスの開発が進み、現在では『現代日本語書き言葉均衡コーパス（BCCWJ: Balanced Corpus of Contemporary Written Japanese）』『日本語話し言葉コーパス（CSJ: Corpus of Spontaneous Japanese）』『日本語歴史コーパス（CHJ: Corpus of Historical Japanese）』『多言語母語の日本語学習者横断コーパス（I-JAS: International Corpus of Japanese as a Second Language）』『日本語日常会話コーパス（CEJC: Corpus of Everyday Japanese Conversation）』など、多くの日本語コーパスが利用できるようになっています。

　しかしながら、日本語コーパスを利用して国語辞書を編集するという動きは、『現代国語例解辞典 第五版』（2016 小学館）などいくつかの先駆的な試みを除いて、あまり進んでいません。コーパスから用例を抽出し、その頻度情報や位相情報を盛り込んだ、本格的な「コーパスに基づく国語辞典」の編集は、今後の課題といえるでしょう。

　さて、ここでは、コーパスを辞書の編集に利用する例として、「甘い」という多義語の分析をしてみたいと思います。以下に示すのは、『現代日本語書き言葉均衡コーパス』から、「甘い＋名詞」というパターンを検索して得られた用例の一部です。これらの「甘い」の意味は、どのように分類できるでしょうか。

「甘いものに目がありません」「ミルクの甘い香り」「ガラムの甘い匂い」「サルマンの甘い声を聞いていると」「甘いラブソングです」「甘い言葉にダマされるな」「それは甘い考えです」「長身の甘いマスクの二枚目」「甘い顔を見せるはずがありません」「甘い球を見逃さず、」「甘い恋到来？」「ビーチでの甘い出会いも期待して」「爪に塗ると甘いピンク色に見えます」「ほどよく甘いセクシー感を演出してくれる」「甘いトップスには逆にパンツで辛さを取り入れて」

　最初の「甘いもの」という用例の「甘い」は、「蜜を感じさせるような、心地

よい味覚」という意味です。また、「甘い香り」や「甘い匂い」は味覚が嗅覚に、「甘い声」や「甘いラブソング」は味覚が聴覚に、それぞれ転じたものだといえるでしょう。「甘い言葉」や「甘い考え」は「ついだまされそうな」「しっかりしていない」などの意味だと考えられます。「甘い顔」と「甘いマスク」は、形は似ていますが意味は異なります。「甘い球」「甘い恋」「甘い出会い」「甘いピンク色」などの意味は、どのように考えればよいでしょうか。

　先述したように、「甘い」という多義語の意味を記述するためには、その意味を検討・分類するために、多くの用例を収集することが必要です。『現代日本語書き言葉均衡コーパス』のような大規模コーパスを検索することで、個人的な知識や発想では思いつかないような、さまざまな用例を見つけることができるわけです。

　さらに、頻度情報を示すことができることも、コーパスを利用することの強みの一つです。『現代日本語書き言葉均衡コーパス』から「甘い＋名詞」のパターンを検索し、名詞の部分について頻度を集計すると、上位20位は以下のようになりました（表記のゆれは統一してあります）。

1	物	465	23.0%	11	顔	19	0.9%
2	香り	140	6.9%	12	所	15	0.7%
3	声	67	3.3%	13	誘惑	14	0.7%
4	匂い	58	2.9%	14	夢	13	0.6%
5	言葉	48	2.4%	15	蜜	12	0.6%
6	汁	46	2.3%	16	味噌	11	0.5%
7	考え	38	1.9%	17	パン	11	0.5%
8	事	27	1.3%	18	感じ	11	0.5%
9	マスク	23	1.1%	19	菓子	11	0.5%
10	味	19	0.9%	20	話	9	0.4%

表3　『現代日本語書き言葉均衡コーパス』で検索した「甘い＋名詞」の名詞

　さらに、『現代日本語書き言葉均衡コーパス』に含まれるメディアを指定して検索・集計することもできます。ここでは、「雑誌」と「書籍（図書館）」に限定して、「甘い＋名詞」を検索してみます。100万語あたりに出現する数（調整頻度）で示すと、以下のようになります。

	雑誌			書籍（図書館）		
1	物	7.0	17.7%	物	2.8	16.5%
2	香り	4.7	12.0%	香り	1.3	7.7%
3	マスク	1.3	3.4%	匂い	0.9	5.4%
4	ピンク	1.3	3.4%	汁	0.6	3.3%
5	印象	0.7	1.7%	声	0.5	3.1%
6	ディテール	0.7	1.7%	考え	0.5	2.7%
7	餌	0.7	1.7%	言葉	0.4	2.1%
8	バナナ	0.7	1.7%	事	0.4	2.1%
9	ボール	0.7	1.7%	力	0.3	1.5%
10	着こなし	0.4	1.1%	マスク	0.2	1.3%

表4 「雑誌」「書籍（図書館）」に現れた「甘い＋名詞」の上位10語

　ファッション誌などを多く含む雑誌には、「甘いマスク」「甘いピンク」「甘い着こなし」など、特徴的な表現が書籍に比べて多く現れていることがわかります。

　さらに、「相互情報量」「対数尤度比」「tスコア」などの統計値を用いて、語と語の結び付きの強さを数値で示すこともできます。コーパスから得られるさまざまな情報を、辞書の記述にどのように利用し、反映させるかについては、今後の研究が待たれるところです。

タスク

問題1 次の文章を読んで、後の問い**1**〜**3**に答えなさい。

忘れた語を探したり、同じ語の反復使用を避けるために類義語を見付けたりする際に意味分類体の辞書や語彙表が利用されることがある。x欧米では優れた語彙分類表や類義語辞典があり、作文教育などで広く活用されている。これは（　ア　）の語彙全体を意味に基づき分類し、配列したものである。日本語もこれにならい、約3万2,600語を意味によって分類・配列したものに（　イ　）がある。

1 下線部xに該当する最も代表的な語彙分類表の著者名とその書名を挙げなさい。

2 アに適当な言語名を入れなさい。

3 イに適当な書名を入れなさい。

解答

問題1 **1** 著者名：P. M. ロジェ、書名：Thesaurus of English Words and Phrases
　　　2 ア：英語
　　　3 イ：『分類語彙表』

217

実 践 タ ス ク

1. 手元にある国語辞書で「あげる」を引き、下記の日本語学習者向けに書かれた辞書の「あげる」の記述と比べてみましょう。

●基礎日本語学習辞典

あげる 上げる〔動Ⅱ〕

①［下から上へ移す］
¶この荷物をたなに上げましょうか。
(Kono nimotsu o tana ni agemashō ka?)

②［値段・価値・程度などを高める］
値段を上げる (nedan o *ageru*)
温度を上げる (ondo o *ageru*)
月給を上げる (gekkyū o *ageru*)
¶政府は来年から税金を上げるそうです。
(Seifu wa rainen kara zeikin o *ageru* sō desu.)
⇔下げる sageru

③［やる，与える］
結婚のお祝いを上げる
(kekkon no oiwai o *ageru*)
¶この本をあなたに上げましょう。
(Kono hon o anata ni agemashō.)
¶どれでも好きな物を上げるから、持って行きなさい。
(Dore demo suki na mono o *ageru* kara, motte ikinasai.)

*「やる (yaru)」「与える (ataeru)」の謙譲語であるが，最近はむしろ上品な言葉として使う。普通，対等または目下の人にある物を与えるときに使う。
目上の人の場合も使うが，直接目上の人に言う場合には使わない。直接目上の人に向かって言うときには「差し上げる (sashi*ageru*)」を使う。「この本を先生に差し上げます。(Kono hon o sensei ni sashiagemasu.)」
→ やる yaru　差し上げる sashi*ageru*

国際交流基金（2004）『基礎日本語学習辞典 第二版（英語版）』（凡人社）より、英語は省略

●新訂 日本語を学ぶ人の辞典

あ・げる
【上げる・揚げる・挙げる】
アゲル【他動一】①低い所から高い所に移す。Ｅput 〜 on; fly; raise; lift. 中挙; 抬; 扬「荷物を棚に上げる // たこを空高くあげる // 足を上げる // 持ち上げる（→項目）」対下げる，下ろす

②地位，程度，値段などをこれまでより高くする。Ｅraise; improve. 中提高; 抬高; 增加.「仕事の能率を上げる // ビールの値段を上げる」対下げる

③いい結果をえる。Ｅgain; achieve; obtain. 中长进; 扬(名); 取得(成果).「名を上げる // 成果を上げる」

④はっきりわかる形に表す。Ｅhold; give. 中举行; 举例「結婚式をあげる // 例をあげる」

⑤力などを出す Ｅdo one's best. 中竭力.「全力をあげて戦う // 総力をあげて取り組む」

⑥「与える」「やる」の謙譲語。Ｅ《humble》give; present. 中「给」「给予」的自谦语.「あなたにいい辞書をあげましょう」対くれる，もらう

⑦（「〜てあげる」の形で）「〜てやる」の謙遜した言い方。「道を教えてあげる（Ｅ tell a person the way to 〜. 中给别人告诉路线）」対くれる，もらう

⑧（動詞の「ます」形について）すっかりその状態にする。最後までする。「論文を書きあげる（Ｅfinish writing a thesis. 中写完论文; 完成论文）// 勤めあげる」

▷自 上がる・揚がる・挙がる

注漢字で書くときは「上げる」を使うことが多いが，「たこをあげる」などのばあいは「揚げる」、「式をあげる」などのばあいは「挙げる」。また、⑦⑧はひらがなで書く。

にほんごの会企業組合編（2011）『新訂 日本語を学ぶ人の辞典－英語・中国語訳つき』（新潮社）より

218

2．類義語を調べてみましょう。

(1) 次の語について、類義語を思いつくだけ挙げてください。
　　「教師」「先」「グループ」「計画」「とても」「切る」

(2) 下記ウェブサイトを開き、(1)で挙げた語を入力して類義語を検索してみましょう。
　　「weblio 類語辞典」　　https://thesaurus.weblio.jp/

(3) 検索結果を見て、類義語同士の使い分けがわかるような例文を考えてみましょう。

3．日本語教育でよく知られた学習者コーパスに『KYコーパス』があります。KYコーパスは、アメリカで開発されたOral Proficiency Interview(OPI)のレベル判定資格を持つテスターと日本語学習者のインタビュー音声90名分を文字化したコーパスです。

　　最上位レベルとされる「超級」話者にどのような誤用が見られるでしょうか。下記「タグつきKYコーパス」のウェブサイトを開き、実例を見てみましょう。今回は件数を絞るため、中国語を母語とする学習者を検索対象とします。

「タグつきKYコーパス」

http://jhlee.sakura.ne.jp/kyc/corpus/main.py

手順
①「形態素単位で検索」「誤用のみ」にチェックを入れる。
②検索オプション1の欄は「超級」「中国語」にチェックを入れる。
③検索オプション2の欄は「動詞」「全て」を選ぶ。
④「検索」ボタンを押す。

コラム **4**

脚韻教授

大修館書店刊『日本語逆引き辞典』*による

一・コペルニクス

ばか貝	不可解	繁華街	
生石灰	帝王切開	消石灰	お節介
用心深い	執念深い	朝令暮改	
県人会	人権侵害	懇親会	
奇想天外	急展開	商店街	コペルニクス的転回

二・教授

業種	享受	教授	名誉教授
肉用種	薬用酒	落葉樹	
改良種	針葉樹	ルージュ	

三・まちまち

区々	町々	港町	
生血	花町	船待ち	沼地
裏町	色町	心待ち	

四・心理学

鬱陶しい	WC	仰々しい	ポエジー
けばけばしい	喜ばしい	テレパシー	
可愛らしい	大層らしい	ジェラシー	
憎らしい	小憎らしい	デモクラシー	
尤もらしい	いやらしい	ポリシー	
馴れ馴れしい	軽々しい	サイコロジー	

*逆引き辞典は、単語を末尾からの五十音順に配列したもので、語義の記載はない。この詩の各行の語は、いずれもこの辞典の連続した項目として記載されており、当然脚韻を踏むことになる。

久野　麗（2008）『五十音の練習曲集　作品1』（土曜美術社出版販売）より

第 **12** 章

語彙の習得

□ 日本語学習者がどのように語彙を習得していくのかを理解しましょう
□ 語彙習得のストラテジーについて確認しましょう

知人のタイ人と話をしていたときのことです。「たまに休みをとって旅行しても、ばちはあたらないよね。……行きたいのはやまやまだけど往復5万は痛いな。」と言うのを聞いて、びっくりしました。「〜ても、ばちはあたらない」「〜のはやまやまだけど」「〜は痛い」という巧みな表現をこのタイ人は、いつの間に、どうやって習得したのでしょうか。日本語の授業の中でしょうか。アニメやドラマを見て覚えたのでしょうか。それとも身近な日本人からでしょうか。最近、このタイ人のように日本語が堪能な外国人をよく見かけますが、この人たちはどのようにこれらの表現を習得したのでしょう。日本語を聞いたり、読んだり、また、日本語で話したり、書いたりするとき、そのすべての言語の活動において中心的な役割を果たすのは語彙についての知識と文法についての知識です。語彙を知らなければ文は理解できませんし、文を作ることもできません。しかし、語彙だけ知っていても文法の知識がなければ文は理解できませんし、作れません。つまり、語彙の知識と文法の知識はコミュニケーションを行う上で不可欠な存在です。

　この章では、語彙に焦点をあて、日本語学習者がどのように語彙を習得していくのかを考えていきましょう。

70 母語の語彙習得

　はじめに、第一言語である母語の語彙習得について考えてみましょう。子どもは、最初に語形と意味を結び付けることによって、語の中核的な意味を学習し、それから徐々にその語の周辺的な意味を獲得していくのではないかと考えられています。『英語語彙の指導マニュアル』（望月他 2003）によれば、Aitchison（2003）は、そのプロセスを3段階に分けて説明しています。

222

図1 単語の意味学習のプロセス（望月他 2003 より）

〈ラベルづけ〉は、1歳くらいから発達する、/dɔg/が「犬」であること、つまり語形と意味を結び付ける段階です。次の〈箱詰め〉は、概念という箱の中に一つ一つラベルづけされた事例を入れていく段階です。図にあるように大きな犬も小さな犬も、種類の異なる犬も、ぬいぐるみの犬も、絵本の犬も、共通する意味特徴を備えたものはすべて「犬」であることに気づいていきます。そして、最後の〈ネットワーク構築〉とは、1歳半以降、急速に語彙が増大した子どもが個々の語の音韻的、意味的、統語的関係に気づいて、それぞれをネットワーク状にすることです。音韻的関係とは、dogをdock、dug、digのような音が似ている語と一緒にネットワークを構築していくことで、統語的関係とはdogはbiteやbarkなど犬に関連する語とともに文を作ることに気づいて、ネットワークを構築していくことを指します。子どもは音韻的、統語的なネットワークを最初に発達させ、後に語彙が増大するとともにネットワークを再構築し、shepherd、bulldog、Dalmatianなどの語と一緒にして意味的ネットワークを強化させるといわれています。こうしてネットワークの拡大は、成人以降も継続されていきます。

　ところで、言語習得プロセスには臨界期があるといわれています。臨界期仮説を唱えたのはアメリカの心理学者Lenneberg (1921-1975)で、子どもの言語発達において、他の時期より容易に言語を獲得できる期間があり、それは2歳から12歳頃までだとしました。ただし、臨界期に関しては、他にさまざまな意見があります。

71 第二言語の語彙習得のプロセス

　次に、第二言語の学習者の語彙習得について考えてみましょう。第二言語には、「第二言語としての日本語（JSL）」と「外国語としての日本語（JFL）」がありますが、ここでは両方を指します。

　第二言語の学習者は、語の「概念」と「母語でその概念を表す語」をすでに知識として持っているために、先の〈箱詰め〉の段階を省略できると考えられています。このため第二言語学習者にとっては、既知の概念に〈ラベルづけ〉することが最も重要な段階となります。

　それでは、日本語を学ぶ学習者はどのようにラベルづけを行い、語彙を習得していくのでしょうか。私たちが英語の単語を覚えるときを思い出してみましょう。筆者はかつて、「[láibrəri] 図書館」、「[láibrəri] 図書館」と、語形と日本語の意味を何回か口に出して言ってみたり、library と紙に書き、「「[láibrəri] 図書館」と言ったりしながら覚えたことがあります。図書館は「図書や記録などを集めて、保管し、公衆に閲覧させる施設」であるということを知っているので、それを英語では「[láibrəri]というのだとラベルづけしていたのです。単語カードを作ったこともあります。カードの表面に library という単語を書き、裏面に意味や品詞、動詞の場合は活用も書きます。表面の英語の単語を見て、発音します。それから、日本語の意味を声に出していい、裏面を見て、正解かどうか確認する、といったぐあいです。

　このような意図的な語彙学習は、「短期記憶」[注1]には適していますが、「長期記憶」[注2]にはつながりにくいという考えもあります。語形と意味を結び付けるラベルづけの方法は、sun [sʌn] という単語を記憶するのに「太陽がさんさんと輝いている」と「さんさん」を記憶の手がかりにしたり、すでに知っている単語の中から語形が似ていて連想が働きやすい単語を選んだりして記憶に役立てるもので、これらの方法は語彙習得に有効だとされています。このように文脈や使用される場面から切り離して単語そのものを学習して、語彙を習得して行こうとす

224

る方法を「意図的学習」といいます。

これに対して、読解や聴解の活動で付随的に学習したり、マンガやアニメの中や新聞の広告の内容を理解することを目的としながら偶発的に語彙を学習したりすることがあります。これを「付随的学習」といいます(「偶発的学習」ともいいます)。自分の興味あるアニメやドラマに出てくる単語だけをとてもよく覚えていて、上手に使える学習者がいますが、彼らは意図的にそれらの語彙を記憶しようとしなくても、その内容を理解したいがゆえに自然に語彙を習得しているのでしょう。

ここで注意しなければならないことは、意図的学習と付随的学習とは対置されるものではないということです。例えば、アニメを見て知った単語を書きとめておいて意図的に学習することもあるでしょうし、逆に学習基本語彙のリストから学習した単語を、見ていたアニメや電車の吊り広告で偶然目にし、記憶として補強される場合もあります。このように意図的な学習と付随的な学習は補完しあうものだからです。

ただ、付随的に、あるいは偶発的に学習する語彙は限られていて、学習者がいわゆる基本語彙を習得することは難しいため、意図的な学習が重要となります。なぜなら意図的な学習では基本語彙を選んで学習することもできるので、高い学習効果が期待できるからです。

しかし、先にも述べたように、文脈や使用される場面から単語を切り離して学習するため意図的学習で覚えた単語は長期記憶にはなりにくく、長期記憶に残るように例文で使用するなどの学習活動が重要となります。

このようなことから、多読による付随的学習を促した上で、補助的に意図的学習を行うという体系的な語彙学習が重要であるという意見もあります。

注1：一時的に「短時間情報」を保持する記憶を「短期記憶」という。長期記憶とともに二重貯蔵モデルを支える重要な記憶の一つ。短期記憶は長期記憶の前段階のシステムで、外界からの情報はさまざまな感覚器官を通して、感覚登録器に入り、選択的注意によって焦点を当てられたものだけが短期貯蔵庫に送られ、一定量・一定時間短期記憶に保持される。しかし、短期貯蔵庫の容量は限られているため、新しい情報が入ってくると古い情報は押し出されてしまう。

注2：ほぼ無限の容量を持つ、比較的永続する記憶を「長期記憶」という。

72 第二言語の語彙習得のストラテジー

　日本語学習者がラベルづけを行う前、すなわち全く知らない日本語の単語に遭遇した場合、どうするのでしょうか。一般的には次の5種類のストラテジーと、これらを組み合わせたストラテジーをとるといわれています。

（1）無視する
（2）語の構成要素（語幹や接辞など）から意味を推測する
（3）文脈から意味を推測する
（4）人に尋ねる
（5）辞書で調べる

　（1）無視するにしても、（3）文脈から意味を推測するにしても、レベルの高い学習者には可能ですが、そうではない学習者には当然のことながら難しくなります。Nation（2001）は、文脈から意味を推測する場合は総語数の95％が既知語であれば未知語の推測は可能であるとしていますが、ということは、95％知らなければ、未知語の推測は不可能であるということです。第二言語が日本語の場合は、その文・文章は表語文字である漢字と表音文字であるひらがな、カタカナで書かれた漢字仮名交じり文を基本としているため、学習者が漢字圏出身か、非漢字圏出身かにより未知語の推測の可否は大きく異なります。漢字圏出身者であれば、母語とは異なる意味・用法で使われている漢字・漢語や日本語だけで使用する漢字・漢語があったとしても、未知の漢字・漢語に出合ったとき、ある程度は推測が可能となるからです。
　（2）語の構成要素から意味を推測する場合、「ワードファミリー」の概念により説明されることがあります。ワードファミリーとは、例えばapproachという動詞にはapproaches、approached、approachingという屈折形と、approachable、approachability、unapproachableのような派生語がありますが、これらをapproach

を基幹語とするファミリーに属するものだと捉え、一つのファミリーと数えるものです。unapproachableは未知語でもapproach + ableにun-という否定の意味を表す接頭辞がついてできた語であるということがわかれば、意味を推測できるというわけです。

日本語教育でも、山下（2006）のように、語の構成要素である接辞、特に造語力の高い漢語接辞を体系的・意図的に学び、その知識を合成語の習得に役立てようとするものがあります。表1は、その中の人物を表す104の接尾辞を「集団・職業・人物・性別親族・組織・役割身分・待遇」の7分野に下位分類したものです。

分類	語数（%）	接尾辞の例
集団	13（12.5）	〜衆（旦那衆）・〜陣（報道陣）・〜勢（徳川勢）
職業	14（13.5）	〜工（機械工）・〜員（会社員）・〜医（内科医）
人物	20（19.2）	〜人（経済人）・〜魔（収集魔）・〜犯（知能犯）
性別親族	15（14.5）	〜子（第一子）・〜女（修道女）・〜婦（炊事婦）
組織	5（　4.8）	〜協（○○連絡協）・〜労（地区労）・〜委（共闘委）
役割身分	17（16.3）	〜手（運転手）・〜相（国土交通相）・〜補（警部補）
待遇	20（19.2）	〜君（山本君）・〜御前（母御前）・〜氏（中村氏）
合計	104（100.0）	

表1　人物を表す接尾辞の分類と語数（山下 2006 より）

未知語の意味が推測できず、また、身近に尋ねる人がいない場合は、辞書をひきます。辞書には、一言語辞書、いわゆる日日辞典と、他の言語で説明した二言語辞書（例えば、和英辞典や日中辞典など）があります。なお、日本語の語について日本語で説明した辞書には国語辞典がありますが、ここでは、国語辞典は日本語母語話者のための辞典であるのに対して、日日辞典は「語の意味や語の用い方などを日本語学習者でも理解しやすいように日本語で説明した外国人学習者向けの辞典」をいいます。学習者はレベルが高くなるにつれて一言語辞書（日日辞典）を使用するようになり、やがて国語辞典を使用するようになります。

現在は多くの学習者が電子辞書やスマホに内蔵されている辞書アプリを使用しています。その中には国語辞典と学習者それぞれの母語での説明が載っている二言語辞書の両方が入っていることが多いため未知語をまず二言語辞書でひいて、意味を母語で理解し、次いで一言語辞書をひき、意味や用法、また、コロケーションの情報などを確認する、という手順を踏む学習者もよく見かけます。（第11章参照）

73 脱文脈化学習

　文脈や使用場面から切り離して語彙を意図的に学習することについて批判する意見も多くありますが、先述のネーション（2005）は、文脈からの付随的な学習と意図的な学習は互いに重なり合い、強化する関係であるとしています。そして、「脱文脈化学習」として、単語カードを使用する例を挙げ、これは次の点で効果的であると述べています。

(1) 選ばれた高頻度の語彙を学習する方が、低頻度の語彙を学ぶより時間と努力への見返りにが大きい。
(2) 文脈や辞書使用からは容易に獲得されない単語知識の側面に意識的に焦点を当てることができる。
(3) 学習を確実にするように語彙の反復と処理を自分自身で行うことができる。

　また、特に効果があるといわれている学習に「キーワード法」があります。キーワード法は、第二言語として学習する単語に近い音韻または綴りを持つ第一言語の単語を手がかりに学習する方法です。先にあげたsun [sʌn]を「太陽がさんさんと降りそそぐ」と第二言語の音声 [sʌn] に似ている第一言語である日本語

の「さんさん」という語をキーワードとして学習する方法がこれにあたります。学習する語とキーワードの強い連想を構築し、学習すべき語を見たり聞いたりしたときに、キーワードを連想できるようにします。

　この他、語彙学習には、類義語、反義語、語源などを組織的に学習する方法などがあります。また、学習者が難しいと感じる類義語、多義語、複合動詞などを取り立てて学習する方法などもあります。

　語彙学習に関するストラテジーのうち、どのような方法が効果的かは、当然のことながら、言語学習の目的、学習者自身の性格により異なってくるでしょう。

74 チャンク

　語彙習得の一つに「チャンク」という概念を利用する考え方があります。チャンクとは、複数の語が連結して、意味的なまとまりを成す言語表現のことで、この中には定型表現あるいは決まり文句といわれるものも含まれます。チャンクによる言語習得は、一つのかたまりとしてそれらを記憶するために、それを使うときに処理時間が短縮できるというメリットがあります。また、チャンクを使えば、複雑な内容を短い表現で伝えることもできます。

　中田（2006）は、イディオム（「猫をかぶる」）、挨拶表現（「いただきます」）、話者の態度を表す表現（「正直言えば」）、常套句（ああいえばこういう）、ことわざ（「猫に小判」）、宣伝、政治のスローガンなどのまとまりのある表現を「句語彙項目（PLI: Phrasal Lexical Items）」と呼び、PLIが言語習得においてきわめて重要であるにもかかわらず、単語レベルの語彙教育の研究に比べて、まだ十分に研究が行われていないことを指摘しています。そして、第二言語としての、英語教育、日本語教育にPLIを積極的に取り上げていくことの必要性を述べています。

　チャンクにはコロケーションも含まれると筆者は考えています。Nation（2001）

第12章　語彙の習得

229

は、コロケーションを次のように定義しています。

　コロケーションとは、頻繁に共起するアイテムであり、意味的にある程度の予測不可能性を持っているもの。（筆者訳）

例として、
　　　　red herring（注意を他にそらすもの）
　　　　take medicine（薬を飲む）
　　　　it is assumed that...（…と考えられている）
を挙げています。この順に従い、文法的な許容度が高くなり、red herringは、redder herring、black herringなどと言うことができませんが、it is assumed that ...の場合は、it is believed that ...、it is reported that ...などにすることが可能であるということです。
　そして、コロケーションは言語知識においても、また流暢で適切な言語使用においても不可欠な存在であり、高頻度のコロケーションを中心に、使用する文脈に注意して学習させるべきであると述べています。

75 日本語教育における学習レベルと語彙教育

　初級レベルにおいては、語彙教育は文型教育とともになされます。語彙と文型は車の両輪のような関係にあります。例えば、「公園に池があります。」「図書館に友達がいます。」のように「（場所）に（物・人）があります／います」という文型を導入する場合は、場所に関する名詞「公園、図書館、部屋、病院、ここ、あそこ」などと、物／人に関する名詞「池、ベンチ、テレビ、本／友達、先生、子ども、～さん」などの語彙を導入します。動詞の「あります」「います」は、機能語である助詞「に」と「が」とともに「～に～があります／います」という文型として導入されます。

　このレベルから、漢字の教育も行われますが、漢字の教育はすなわち語彙の教育になります。例えば、「図書館」の「館」は「建物」の意味であり、「美術館」「大使館」「映画館」のように使うということを学習します。

　中級レベルになると、まず内容（読解や会話のテーマ）があり、それについて理解したり産出したりするための手段として新しい文型・文法や語彙を学ぶようになります。それにともない語彙とも文型とも言えそうな表現（例. ～恐れがある、～に違いない、～たとたんなど）が出てきます。さらに、初級レベルのときと同じように、「複合辞」(注3)とセットになる語彙のグループ（例. ～について話す／聞く、～によってちがう／変わる／～たり～たりする、～につれて～なる／てくる、など）もあります。

　このレベルは、学習する語彙が急激に増える段階であるため、語彙教育の密度も高くなります。類義語の使い分けや、文体や位相の違いによる語彙の使い分けについての学習、また、複合動詞などの複合語や、接辞による派生語など語構成からみた学習、さらにコロケーションによる学習など、体系的な語彙学習をすることになります。

　上級レベルになると、学習者ごとに学習目的が異なってくるため、それぞれの専門分野の語彙が必要となり、学習者の自律学習が重要になります。一般的には

漢語が増えるために、その教育や、多義語が持つ意味の体系的な学習が必要になります。また、語を一語として考えるのではなく、常に語彙の体系の中で考えるように教育を行うことが望まれるようになります。

注3：いくつかの語が複合してひとまとまりの形で辞的な機能（文法的機能を表す語。助詞・助動詞をいう）を果たす表現を「複合辞」という（松木 1990）。「について」「において」などの複合助詞や、「なければならない」「てもいい」などの複合助動詞のような複合形式をもつ機能語のことをいう。

タスク

問題1 次の問題 **1**、**2** について答えなさい。

1 Aitchison (2003) によれば、子どもは三つの段階を経て、母語の語彙を習得するという。次の a 〜 c の段階はそれぞれ何というか。

a. 音韻的、統語的、意味的なそれぞれの結び付きに気づき、その結び付きを発展させる段階。

b. 物事に対して言語化する能力が徐々に発達し、音の連続が物事の命名と結び付くことを発見する段階。

c. 特定の物事に名前をつけて分類し、あるカテゴリーと他のカテゴリーを区別できるようになる段階。

2 **1** の三つの段階について、子どもは、次のどのような順序で語彙の習得をしていくのか。次の 1 〜 4 の中から正しいものを選びなさい。

1. a → c → b
2. b → c → a
3. c → a → b
4. a → b → c

233

問題2　次の文章を読み、空欄ア〜オの中に適当な用語を入れなさい。

　語彙の学習は大きく、単語を文脈から切り離して学習する（　ア　）と、読解や聴解などの活動の中でたまたま未知語に出合い、文脈などを手がかりにその語の意味を推測したりし、最終的にその語を学習する（　イ　）に分けられるが、どちらも互いに補いあって、語彙習得に寄与している。（　ア　）には批判もあるが、単語カードを利用する方法や、発音の類似する母語の単語を利用して単語を記憶する（　ウ　）は入門期や初期の学習者には有効だとされている。また「傘をさす」のような（　エ　）やイディオム、決まり文句など、まとまりをもった一つの表現形式である（　オ　）による学習法もある。

解答

問題1 **1** a：ネットワーク構築　　b：ラベルづけ　　c：箱詰め
　　　　2 2
問題2 ア：意図的学習　　イ：偶発的（付随的）学習　　ウ：キーワード法
　　　　エ：コロケーション　　オ：チャンク

解説

問題1 ラベルづけは、言語の能力が徐々に発達し、語彙が急激に増える1歳ごろから発達する。また、箱詰めは、子供が成人と同じようにプロトタイプ（典型的な例）からはじめるが、そのタイプを拡大させて、その種類の範囲を確定する。ネットワーク構築は、徐々に起こり、生涯続くと考えられている。

234

実 践 タ ス ク

1. 「リーディングチュウ太」は、単語レベルを日本語能力試験のレベルに照らして判定することができるサイトです。下記サイトを開き、手元にある文章を入力し、レベルを確認してみましょう。

「リーディングチュウ太　チュウ太の道具箱」
http://language.tiu.ac.jp/tools.html

2. 山内編（2013）は、「食名詞（具体物）」に表1の基準を適用し、著者ら3名の主観によって表2のように分類しました。表1の基準を意識しながら表2に分類された語を眺め、自分なら各語をABCのどこに分類するか、追加するなら他にどのような語を追加したいか考えてみましょう。

表1　具体物を表す語に関する基準（α基準）

レベル	記述
A	一般的な日本人が非常に身近であると感じる語。
B	一般的な日本人がやや身近であると感じる語。
C	一般的な日本人が身近であるとは感じない語。

表2　食名詞（具体物）

意味分類	A	B	C
【食べ物】	食べ物、料理	飯	
【食事】	朝ごはん、昼ごはん、晩ごはん、ランチ	お昼、夕食、昼食、おかず	主食、定食
【料理名：固体】	カレー、パン、ごはん、サラダ、うどん	サンドイッチ、ステーキ、ハンバーグ、刺身、実、麺、そば	ライス、粥、漬物、〜漬け
【料理名：液体】		スープ	汁
【菓子・デザート】	お菓子、デザート、おやつ、飴、ケーキ、アイスクリーム、ガム、クリーム	ゼリー	あられ
【飲み物】	飲み物、お茶、コーヒー、牛乳、水、お酒、ジュース、ビール	紅茶、湯、ウイスキー、ワイン、生、カクテル	蒸留酒

山内博之編『実践日本語教育スタンダード』（ひつじ書房）より一部抜粋

読書案内

　本書は、日本語の語彙の基本的な知識について、また日本語学習者に対する語彙習得について、できるだけ多くの内容をわかりやすく盛り込むことを目指しました。しかし、限られた紙数や言葉足らずのために、説明が不十分であると感じられるかもしれません。「○○についてもっと知りたい」と思われた場合は、こちらの書籍リストもご活用ください。絶版になっており，書店では入手困難なものもありますが、図書館などに蔵書として置いてある場合があります。探してみてください。

語彙一般

　沖森卓也他(2011)『図解 日本の語彙』三省堂

　沖森卓也編(2012)『語と語彙』朝倉書店

　国広哲弥編(1981)『日英語比較講座　第3巻　意味と語彙』大修館書店

　斎藤倫明・石井正彦編(2015)『日本語語彙へのアプローチ』おうふう

　斎藤倫明編(2016)『日本語語彙論Ⅰ』ひつじ書房

　斎藤倫明編(2016)『日本語語彙論Ⅱ』ひつじ書房

　斎藤倫明・石井正彦編(2011)『これからの語彙論』ひつじ書房

　斎藤倫明編(2002)『朝倉日本語講座 4　語彙・意味』朝倉書店

　宮島達夫他(1977)『岩波講座日本語 9　語彙と意味』岩波書店

語彙教育／指導参考書

　岩田一成編(2018)『語から始まる教材作り』くろしお出版

　大森雅美・鴻野豊子(2013)『日本語教師の7つ道具シリーズ 4　語彙授業の作り方編』アルク

　窪田富男(1982)「語彙教育」『日本語教育事典』大修館書店

　国際交流基金(2011)『日本語教授法シリーズ 3　文字・語彙を教える』ひつじ書房

　国際日本語研修協会監修(2012)『やさしい日本語指導 6　語彙・意味』アークアカデミー梅田校

　城生佰太郎(2012)『日本語教育の語彙』勉誠出版

　玉村文郎(1984、85)『日本語教育指導参考書⑫⑬　語彙の研究と教育』国立国語研究所

　玉村文郎(1989、90)『講座日本語と日本語教育　日本語の語彙・意味』上・下　明治書院

　文化庁(1984)『日本語と日本語教育　語彙編』国語シリーズ　文化庁

　森篤嗣編(2016)『ニーズを踏まえた語彙シラバス』くろしお出版

　森田良行(1990)『日本語学と日本語教育』凡人社

　森田良行(1991)『語彙とその意味』アルク

　山内博之編(2013)『実践日本語教育スタンダード』ひつじ書房

日本語学習辞典

　荒川洋平(2011)『日本語多義語学習辞典　名詞編』アルク

　安藤栄里子他編(2014)『どんなときどう使う日本語語彙学習辞典』アルク

今井新悟(2011)『日本語多義語学習辞典　形容詞・副詞編』アルク
鷹野次長編(2004)『外国人のための楽しい日本語辞典』三省堂
林史典他編(1992)『15万例文・成句　現代国語用例辞典』教育社
森田良行(1989)『基礎日本語辞典』角川書店
森山新(2012)『日本語多義語学習辞典　動詞編』アルク

語類別

浅野鶴子編(1978)『擬音語・擬態語辞典』角川書店
阿刀田稔子・星野和子(1995)『擬音語擬態語使い方辞典　第二版』創拓社
井上宗雄監修(1992)『例解 慣用句辞典─言いたい内容から逆引きできる』創拓社
金田一秀穂監修(2006)『知っておきたい 日本語コロケーション辞典』学習研究社
小泉保他編(1989)『日本語基本動詞用法辞典』大修館書店
飛田良文・浅田秀子(2018)『現代擬音語擬態語用法辞典 新装版』東京堂出版
飛田良文・浅田秀子(2018)『現代形容詞用法辞典 新装版』東京堂出版
飛田良文・浅田秀子(2018)『現代副詞用法辞典 新装版』東京堂出版
姫野昌子監修(2004)『研究社 日本語表現活用辞典』研究社
水谷修監修(2001)『日本語イディオム用例辞典』朝日出版社
米川明彦他(2005)『日本語慣用句辞典』東京堂出版

類語

大野晋・浜西正人(1985)『類語国語辞典』角川書店
荻原稚佳子(2006)『絵でわかる日本語使い分け辞典』アルク
北原保雄編(1990)『日本語逆引き辞典』(1990)大修館書店
柴田武他編(2008)『講談社 類語辞典』講談社
小学館辞典編集部編(2003)『使い方の分かる類語例解辞典』小学館
徳川宗賢・宮島達夫(1972)『類義語辞典』東京堂出版
広瀬正宜他(2001)『新装版 日本語使い分け辞典─Kodansha's Effective Japanese』
　講談社インターナショナル
類語研究会編(1991)『似た言葉使い分け辞典』創拓社

その他

秋元美晴・有賀千佳子(1996)『ペアで覚えるいろいろなことば』武蔵野書院
有賀千佳子他(2001)『ことばの意味を教える教師のためのヒント集』武蔵野書院
川村よし子(2009)『チュウ太の虎の巻』くろしお出版
創作集団にほんご(2009)『マンガで学ぶ日本語表現と日本文化─多辺田家が行く‼』アルク
仁田義雄(2002)『辞書には書かれていないことばの話』岩波書店

参考文献

●辞典類

浅野鶴子編(1978)『擬音語・擬態語辞典』角川書店

ウェスリー・ヤコブセン・牧野成一・中田清一・大曽美恵子編(2002)『日本語学習 基礎英日辞典』 講談社インターナショナル

大野晋・浜西正人(1985)『類語国語辞典』角川書店

金田一春彦・金田一秀穂編(2017)『学研 現代新国語辞典 改定第六版』学研プラス

小泉保他編(1989)『日本語基本動詞用法辞典』大修館書店

国際交流基金日本語国際センター編(2004)『基礎日本語学習辞典 第二版』凡人社

国立国語研究所(1964)『分類語彙表』秀英出版

国立国語研究所(2004)『分類語彙表 増補改訂版』大日本図書

柴田武・山田進編(2002)『類語大辞典』講談社

小学館国語辞典編集部編(2001)『日本国語大辞典 第二版』小学館

小学館辞典編集部編(1994)『使い方の分かる類語例解辞典』小学館

中村明・森田良行・芳賀綏(2005)『三省堂類語新辞典』三省堂

にほんごの会企業組合編(2011)『新訂 日本語を学ぶ人の辞典―英語・中国語訳つき』新潮社

林巨樹・松井栄一監修(2016)『現代国語例解辞典 第五版』小学館

林史典他編(1992)『15万例文・成句 現代国語用例辞典』教育社

文化庁編(1990)『外国人のための基本語用例辞典 第3版』大蔵省印刷局

松村明編(2006)『大辞林 第三版』三省堂

森田良行(1989)『基礎日本語辞典』角川書店

米川明彦(1997)『若者ことば辞典』東京堂出版

●書籍・雑誌

Aitchison, Jean (2003) Words in the Mind: *An Introduction to the Mental Lexicon.* Blackwell

Leech, Geoffrey Paul Rayson, Andrew Wilson (2001) *Word Frequencies in Written and Spoken English.* Routledge

Nation, I. S. P. (2001) *Learning Vocabulary in Another Language.* Cambridge University Press

池上嘉彦編(1996)『英語の意味』大修館書店

池原楢雄(1957)『国語教育のための基本語体系』六月社

泉邦寿(1976)「擬声語・擬態語の特質」『日本語講座 第4巻 日本語の語彙と表現』大修館書店

井上史雄(1996)「新しい時代と新しいことば」『國文學』第41巻11号, 學燈社

小椋秀樹・小磯花絵・冨士池優美・宮内佐夜香・小西光・原裕(2011)『『現代日本語書き言葉均衡コーパス』形態論情報規程集 第4版(上)』国立国語研究所

樺島忠夫・吉田弥寿夫(1971)「留学生教育のための基本語彙表」『日本語・日本文化』2, 大阪外国語大学

金愛蘭（2011）『20世紀後半の新聞語彙における外来語の基本語化』阪大日本語研究別冊３，
　　大阪大学

金水敏（2003）『ヴァーチャル日本語　役割語の謎』岩波書店

金田一春彦（1978）「擬音語・擬態語概説」『擬音語・擬態語辞典』角川書店

金田一春彦（1988）『日本語　新版（上）』岩波書店

工藤真由美（1995）『児童生徒に対する日本語教育のための基本語彙調査』ひつじ書房

国広哲哉（1985）「慣用句論」『日本語学』１月号，明治書院

窪薗晴夫編（2017）『オノマトペの謎　ピカチュウからモフモフまで』岩波書店

窪田富男（1989）「基本語・基礎語」『講座日本語と日本語教育　第６巻 日本語の語彙・意
　　味（上）』明治書院

国立国語研究所（1962）『現代雑誌九十種の用語用字　第１分冊　総記および語彙表』秀英
　　出版

国立国語研究所（1963）『現代雑誌九十種の用語用字　第２分冊　漢字表』秀英出版

国立国語研究所（1964）『現代雑誌九十種の用語用字　第３分冊　分析』秀英出版

国立国語研究所（1983）『高校教科書の語彙調査』秀英出版

国立国語研究所（1980）『日本人の知識階層における話しことばの実態』国立国語研究所日
　　本語教育センター

国立国語研究所（1984）『日本語教育のための基本語彙調査』秀英出版

阪本一郎（1958）『教育基本語彙』牧書店

真田信治（1977）「基本語彙・基礎語彙」『岩波講座日本語９　語彙と意味』岩波書店

柴田武（1982）「現代語の語彙体系」『講座日本語の語彙　第７巻 現代の語彙』明治書院

嶋田和子監修（2013）『できる日本語　中級　本冊』アルク

尚学図書・言語研究所編（1991）『方言の読本』小学館

杉戸清樹（1979）「職場敬語の一実態 —日立製作所での調査から」『言語生活』328号，筑摩書房

鈴木孝夫（1990）『日本語と外国語』岩波書店

砂川有里子編（2016）『講座日本語コーパス５　コーパスと日本語教育』朝倉書店

田中章夫（1978）『国語語彙論』明治書院

田中章夫（1999）『日本語の位相と位相差』明治書院

玉村文郎（1975）「日本人の連想と外国人の連想」『言語生活』280号，筑摩書房

玉村文郎（1984）『語彙の研究と教育（上）』大蔵省印刷局

玉村文郎（1985）『語彙の研究と教育（下）』大蔵省印刷局

玉村文郎（1987）『NAFL日本語教師養成プログラム14 日本語の語彙・意味』アルク

玉村文郎編（1989）『講座日本語と日本語教育　第６巻 日本語の語彙・意味（上）』明治書院

玉村文郎編（1990）『講座日本語と日本語教育　第７巻 日本語の語彙・意味（下）』明治書院

寺村秀夫（1982）『日本語のシンタクスと意味 Ⅰ』くろしお出版

土居光知（1933）『基礎日本語』六星館

中野洋(1973)「現代日本語の音素連続の実態」『電子計算機による国語研究V』秀英出版

中田清一(2006)「ことばと文化：句語彙項目からの考察」『ことばと文化をめぐって ― 外から見た日本語発見記』ひつじ書房

西尾寅弥(1988)『現代語彙の研究』明治書院

ネーション, I. S. P.(吉田晴世／三根浩訳)(2005)『英語教師のためのボキャブラリーラーニング』松柏社

独立行政法人国際交流基金・財団法人日本国際教育支援協会発行 社団法人日本語教育学会編(2008)『平成18年度日本語能力試験 分析評価に関する報告書』凡人社

林大(1957)「語彙」『講座現代国語学II ことばの体系』筑摩書房

林大監修(1982)『図説日本語』角川書店

林四郎(1974)「語彙調査と基本語彙」『言語表現の構造』明治書院

松木正恵(1990)「複合辞の認定基準・尺度設定の試み」『早稲田大学日本語研究教育センター紀要』2. 早稲田大学

三上京子(2006)「日本語教育のための基本オノマトペの選定とその教材化」『ICU日本語教育研究』3. 国際基督教大学

宮地裕編(1982)『慣用句の意味と用法』明治書院

宮島達夫編(1971)『古典対照語い表』笠間書院

宮島達夫(1977)「語彙の体系」『岩波講座日本語9 語彙と意味』岩波書店

望月正道他(2003)『英語語彙の指導マニュアル』大修館書店

森田良行他編(1989)『ケーススタディ日本語の語彙』桜楓社

柳父章(1982)『翻訳語成立事情』岩波書店

山内博之編(2013)『実践日本語教育スタンダード』ひつじ書房

山口仲美(2002)『犬は「びよ」と鳴いていた ― 日本語は擬音語・擬態語が面白い』光文社

山崎誠編(2014)『講座 日本語コーパス2 書き言葉コーパス 設計と構築』朝倉書店

山下喜代(2006)「意図的語彙学習のための方法と教材 ― 人物を表す接尾辞を例にして―」『講座日本語教育』42. 早稲田大学日本語教育研究センター

● **例文出典**

赤川次郎 『女社長に乾杯！下』(2015)角川書店

金水敏(2003)『ヴァーチャル日本語 役割語の謎』岩波書店

久野麗(2008)『五十音の練習曲集 作品1』土曜美術出版販売

日本聖書協会 『口語 新約聖書』(1954)

日本聖書協会 『聖書 新共同訳』(1987)

宮沢賢治 『注文の多い料理店』(1956)角川書店

索引

あ

アクセント ·········· 45, 73
頭高型 ····················· 153
アルファベット語 ····· 53
暗喩 ························· 134
意義素 ····················· 110
位相 ························· 180
位相語 ····················· 180
位相差 ····················· 180
一語化 ······················· 92
一般化 ····················· 165
一般通用語 ············· 182
意図的学習 ············· 225
忌詞 ························· 184
意味成分 ················· 120
意味特徴 ················· 110
意味場 ······················· 15
意味分野 ············ 15, 31
意味変化 ·····················
　　164, 165, 167, 169, 171
『色葉字類抄』 ··········· 205
隠語 ················ 181, 183
隠喩 ························· 134
有縁性 ····················· 146
婉曲的な表現 ······ 74, 182
大槻文彦 ················· 206
オグデン, C. K. ········· 31
おしゃべり文体 ······· 187
オノマトペ ············· 144
音韻添加 ················· 101
音象徴語 ················· 144
音素 ··························· 46

音便 ························· 100

か

下位語 ····················· 116
外国語 ················ 71, 98
階層的体系 ··············· 14
外部借用 ··················· 99
外来語 ············ 70, 150
『下学集』 ················· 205
書きことば ············· 187
ガ行鼻濁音 ··············· 46
格関係 ······················· 89
学術用語 ············ 69, 183
拡大 ························· 165
拡張 ························· 108
頭文字語 ············ 53, 99
固い連語 ················· 131
カタカナ ······ 53, 60, 145
活喩 ························· 135
カバー率 ··················· 36
漢音 ························· 68
漢語 ························· 67
漢語系接頭辞 ··········· 96
漢字音 ······················· 68
漢字仮名交じり文 ····· 53
感動詞 ·········· 29, 94, 181
換喩 ················ 135, 168
慣用句 ············ 128, 132
キーワード法 ··········· 228
擬音語 ····················· 144
基幹語彙 ··················· 33
擬情語 ····················· 145

擬人法 ····················· 135
擬声語 ····················· 144
基礎語彙 ··················· 31
「基礎日本語分類表」·· 31
擬態語 ····················· 144
機能語 ················ 53, 60
機能動詞 ················· 131
基本語彙 ··················· 30
基本語化 ··················· 72
基本的意味説 ··········· 108
逆成 ················ 98, 100
キャンパスことば···· 184
共感覚 ····················· 171
共起制限 ················· 121
居体言 ······················· 86
近接性 ····················· 167
偶発的学習 ············· 225
寓喩 ························· 135
寓話 ························· 135
句語彙項目 ············· 229
敬語 ························· 189
形態素 ······················· 83
形容詞慣用句 ··········· 132
形容詞性接頭辞 ······· 95
形容詞性接尾辞 ······· 96
形容動詞性接尾辞 ····· 96
系列関係 ················· 119
下落 ························· 167
『言海』 ····················· 206
原義 ········· 111, 134, 165
原語 ········· 70, 72, 84, 183
言語的原因 ············· 169

索引　241

謙譲語 …………………… 190
謙譲語Ⅰ ………………… 190
謙譲語Ⅱ ………………… 190
『現代雑誌九十種の用字
　用語』………23, 61, 210
『現代雑誌200万字言語
　調査』…………………… 62
『現代日本語書き言葉均
　衡コーパス』……………
　　……23, 27, 30, 52, 214
語 ………………………… 45
語彙習得 ……222, 224, 226
語彙調査 ………………… 22
語彙の体系 …………11, 12
語彙マップ……………… 41
語彙量 …………………… 26
行為者名詞 ……………… 89
行為名詞 ………………… 89
『康熙字典』…………… 207
高級語彙 ………………… 69
口語的 …………………… 69
『広辞苑』…………22, 207
向上 ……………………… 170
合成 ……………………… 98
合成語 ………………83, 84
拘束形態素 ……………… 83
高頻度語 ………………… 27
コーパス……23, 204, 213
呉音 ……………………… 68
語感 …………………115, 117
語基 ………………83, 95
語義 ……………………… 109

国語辞典 ……22, 204, 207
国立国語研究所…………
　　……23, 27, 62, 210, 214
語形 …………………45, 109
語形のゆれ ……………… 51
語結合 …………………… 129
語源 ……………………… 114
語構成 …………………… 82
語構成論 ………………… 82
語構造 …………………… 82
語根 ………………18, 93
語根創造 ………………… 98
語種 ………………60, 61
コソアド ………………… 13
異なり語数 ……………… 25
ことば狩り ……………… 195
ことばの連合図 ………… 17
コノテーション………… 110
語の認定 ………………… 45
固有語 …………………… 61
コロケーション…………
　　………128, 130, 229
混淆 ……………………… 98
混種語 ………………61, 75

さ

差別語 …………………… 193
サンプリング調査…… 23
恣意性 …………………… 146
恣意的 …………………… 146
字音語 ………………60, 67
色彩語彙 ………………… 13

刺激語 …………………… 17
示差的特徴 ……………… 116
指示詞 …………………… 13
指示対象 ………………… 109
辞書 …204, 205, 206, 207
シソーラス ……………… 210
社会的原因 ……………… 169
借用 ……………………… 98
借用語 ………………61, 65
自由形態素 ……………… 83
集団語 …………………… 182
習得 ………222, 224, 226
重箱読み ………………… 76
縮小 ……………………… 165
縮約 ……………………… 98
出自 ……………………… 60
循環構造 ………………… 119
上位語 …………………… 116
畳語 ………………83, 93
使用語彙 ………………… 27
少納言　58, 106, 125, 141
使用頻度 …………36, 151
使用率 ………………25, 30
省略語 ………………72, 99
使用領域 ………………… 32
職業語 …………………… 183
女性語 …………………… 181
自律学習 ………………… 231
自立語 …………………… 61
新語 ……………………… 191
『新撰字鏡』…………… 205
新造語 …………………… 98

242

親族語彙 …………………… 12
新聞基幹語彙 ……………… 34
心理的原因 ……………… 169
ストラテジー ………… 226
西欧語 …………60, 67, 70
性差 ……………………… 181
正書法 …………………… 53
星図になぞらえた語彙表
　………………………… 15
成分分析 ………………… 120
接辞 …………83, 95, 226
接頭辞 …………………… 95
接頭辞化 ………………… 92
接尾辞 ……………… 95, 96
接尾辞化 ………………… 92
『節用集』 ……………… 205
全数調査 ………………… 23
選択制限 ………………… 121
専門語 …………………… 183
宋音 ……………………… 68
相互情報量 …………… 216
造語法 …………………… 98
造語力 ……………… 69, 151
ソーンダイク, E. L.…… 22
ソシュール, フェルディ
　ナン・ド …………… 146
尊敬語 …………………… 190
尊大語 …………………… 191

た

『大漢和辞典』 ………… 207
対義語 …………………… 118

対義成分 ………………… 88
待遇性接頭辞 …………… 95
待遇表現 ………………… 189
『大言海』 ……………… 206
対語 ……………………… 119
対数尤度比 …………… 216
第二言語 ………… 224, 226
『大日本国語辞典』 …… 206
多義語 …………108, 111, 114
多義説 …………………… 108
多言語母語の日本語学習
　者横断コーパス …… 214
脱文脈化学習 ………… 228
多読 ……………………… 225
タブー ……………… 169, 184
段階的体系 ……………… 14
短期記憶 ………………… 224
単義語 …………………… 111
単語 ……………………… 10
単純語 ……………… 83, 84
男性語 …………………… 181
地域差 …………………… 185
チャンク ………………… 229
長期記憶 ………………… 224
直喩 ……………………… 134
通常語 …………………… 189
丁寧語 …………………… 190
ディノテーション … 110
提喩 ……………………… 135
データベース ………… 23
転音 ……………… 65, 100
転化 ……………………… 152

転義 ……………… 111, 167
典型 ……………………… 112
転成 ……………………… 98
転成名詞 ………………… 100
転用 …………134, 167, 171
『篆隷万象名義』 …… 205
土居光知 ………………… 31
同位語 …………………… 116
唐音 ……………………… 68
同音異義語 ……………… 46
同音語 ……………… 46, 114
同義異表記の語 ……… 54
同義語 …………………… 115
同訓異義語 ……………… 46
同形語 …………………… 53
統計値 …………………… 216
動詞慣用句 …………… 132
動詞性接尾辞 ………… 96
特殊化 …………………… 165
特殊拍 …………………… 51
閉じた体系 ……………… 10

な

内部借用 ………………… 99
内容語 …………………… 60
二重語 …………………… 74
日常語 …………………… 69
『日葡辞書』 ………… 206
日本語化 ………………… 70
『日本語教育基本語彙表』
　………………………… 32

索引　243

『日本語教育のための基本語彙調査』……23, 32
『日本国語大辞典』…… 207
『日本語日常会話コーパス』………………… 214
日本語能力試験……… 37
『日本語話し言葉コーパス』………………29, 52, 214
『日本語歴史コーパス』………………… 214
『日本人の知識階層における話しことばの実態』…… 64
女房詞 ………………… 182
ネーション ………… 228
ネットワーク構築…… 223
延べ語数 ……………… 25

は

拍 …………………… 47
箱詰め ……………… 223
派生語 ………83, 84, 95
話しことば ………… 187
反義語 ……………… 118
反対語 ……………… 118
半濁音化 …………… 101
反応語 ……………… 17
美化語 ……………… 190
卑語 ………………… 189
比喩 ………………… 134
比喩性 ………129, 133
表記 ………………… 53
表語文字 …………… 226

開かれた体系 ……… 10
品詞 …………64, 66, 68
フィラー …………… 29
諷喩 ………………… 135
複合形容詞 ………… 86
複合形容動詞 ……… 86
複合語 ………… 83, 85
複合辞 ……… 173, 231
複合動詞 …………… 91
複合副詞 …………… 86
複合名詞 ……… 86, 87
副詞慣用句 ………… 132
副詞性接尾辞 ……… 96
副次的意味 ………… 110
付随的学習 ………… 225
付属語 ………… 44, 61
符牒 ………………… 183
プロトタイプ ……… 112
文章語的 ……… 69, 147
文体 ……… 115, 182, 231
文法化現象 ………… 172
『分類語彙表』……… 210
平板型 ……………… 153
ヘボン, J. C. ……… 206
ヘボン式ローマ字…… 206
変音現象 ………65, 100
方言 ………………… 185
包摂関係 …………… 116
母語の干渉 ………… 131
ポリティカル・コレクトネス………………… 194
翻訳漢語 …………… 67

ま

名詞慣用句 ………… 132
名詞性接尾辞 ……… 96
明示的意味 ………… 110
明喩 ………………… 134
メタファー ………… 134
メディア …………… 156
もじ言葉 …………… 182
文字・表記による方法… 98

や

やまとことば ……… 65
湯桶読み …………… 76
ゆるい連語 ………… 131
ゆれ …………… 51, 53
洋語 ………………… 70
幼児語 ……………… 145
用法説 ……………… 108

ら

ラベルづけ ……… 223, 224
理解語彙 …………… 11
俚言 ………………… 185
略語 ………………… 72
略熟語 ……………… 99
流行語 ……………… 191
臨界期 ……………… 223
臨界期仮説 ………… 223
類縁関係 …………… 15
類音語 ……………… 48
類義異表記 ………… 54
類義語 ……………… 115

類義成分 ············· 88, 92
類似性 ·············· 134, 167
『類聚名義抄』 ········· 205
類推 ··· 100, 131, 134, 164
レジスター ················ 30
レトリック ······· 135, 168
連語 ················· 128, 130
連声 ···················· 101
連想 ·········16, 134, 167
連想関係 ················· 167
連濁 ················· 65, 100
連濁現象 ················· 46
連用形名詞 ········· 86, 88
ローマ字 ········53, 60, 72
ローマ字語 ··············· 53
ロジェ, P. M. ············ 210

わ

ワードファミリー ···· 226
『和英語林集成』 ········ 206
若者語 ···················· 184
『和(倭)訓栞』 ·········· 206
和語 ······················ 65
和製英語 ················· 70
和製漢語 ········60, 67, 82
『倭(和)名類聚抄』 ···· 205

A – Z

AD+V型 ················ 93
A+N型 ················· 91
A+V型 ················· 93
Basic English ·········· 31
BCCWJ
　······ 23, 27, 30, 52, 214
CEJC ···················· 214
CHJ ····················· 214
CSJ ··············· 29, 52, 214
I-JAS ···················· 214
M単位 ···················· 24
N+N型 ················· 87
N+V型 ················· 88
Nation ············· 226, 229
PLI ······················ 229
semantic field ········· 15
SNS ············ 180, 187, 193
tスコア ·················· 216
V+N型 ················· 90
V+V型 ················· 90
W単位 ···················· 24

α単位 ···················· 24
β単位 ···················· 24

索引　245

秋元美晴（あきもと　みはる）
恵泉女学園大学名誉教授。青山学院大学大学院文学研究科博士課程単位取得満期退学。編著に『ことばと文化をめぐって―外から見た日本語発見記―』（ひつじ書房）、論文に「新しい日本語能力試験のための語彙表・漢字表作成中間報告」（押尾・秋元『日本語学』vol.27-10　明治書院）、「コロケーションから見た形容詞の装定用法と述定用法」（『日本語語彙へのアプローチ』おうふう）など。

押尾和美（おしお　かずみ）
国際交流基金日本語国際センター専任講師。明海大学大学院応用言語学研究科博士後期課程単位修得満期退学。麗澤大学留学生別科非常勤講師、千葉大学留学生センター非常勤講師などを経て現職。著書に『日本語教授法シリーズ12 学習を評価する』（共著、ひつじ書房）など。

丸山岳彦（まるやま　たけひこ）
専修大学文学部教授、国立国語研究所客員教授。博士（学術）。神戸市外国語大学大学院外国語学研究科単位取得退学。ATR音声言語コミュニケーション研究所研究員、国立国語研究所准教授、オックスフォード大学客員研究員などを経て現職。著書に『講座日本語コーパス1 コーパス入門』（共著、朝倉書店）など。

日本語教育　よくわかる語彙

発　行　日　　2019年6月7日（初版）

著　　者　　秋元美晴、押尾和美、丸山岳彦
編　　集　　株式会社アルク出版編集部
編集協力　　紺野さやか、藤田百子、堀田弓
校　　正　　岡田英夫
デザイン・DTP　　株式会社ポイントライン
イラスト　　たくわかつし
印刷・製本　　シナノ印刷株式会社

発　行　者　　田中伸明
発　行　所　　株式会社アルク
　　　　　　〒102-0073　東京都千代田区九段北4-2-6 市ヶ谷ビル
　　　　　　TEL：03-3556-5501　FAX：03-3556-1370
　　　　　　Email：csss@alc.co.jp
　　　　　　Website：https://www.alc.co.jp/

落丁本、乱丁本は弊社にてお取り換えいたしております。アルクお客様センター（電話：03-3556-5501 受付時間：平日9時～17時）までご相談ください。本書の全部または一部の無断転載を禁じます。著作権法上で認められた場合を除いて、本書からのコピーを禁じます。定価はカバーに表示してあります。

ご購入いただいた書籍の最新サポート情報は、以下の「製品サポート」ページでご提供いたします。
製品サポート：https://www.alc.co.jp/usersupport/

©2019 Akimoto Miharu / Oshio Kazumi / Maruyama Takehiko / ALC PRESS INC
©Katsushi Takuwa
Printed in Japan
PC 7018045
ISBN 978-4-7574-3338-0

▼ サービスの詳細はこちら ▼

website **https://www.alc.co.jp/**

日本語

通信講座	セミナー	書籍	スピーキングテスト
NAFL日本語教師 養成プログラム	**日本語教育 能力検定 試験対策**	**どんなとき どう使う** ほか	**JSST**

オンライン会話
アルク オンライン 日本語スクール